GÜTERSLOHER
VERLAGSHAUS

Hans-Martin Barth

DAS VATERUNSER

Inspiration

zwischen Religionen und säkularer Welt

Gütersloher Verlagshaus

Bibliografische Information der Deutschen Nationalbibliothek

Die Deutsche Nationalbibliothek verzeichnet diese Publikation in der Deutschen Nationalbibliografie; detaillierte bibliografische Daten sind im Internet über https://portal.dnb.de abrufbar.

FSC
www.fsc.org
MIX
Papier aus verantwortungsvollen Quellen
FSC® C014496

Verlagsgruppe Random House FSC® N001967

1. Auflage

Druck und Einband: GGP Media GmbH, Pößneck
Printed in Germany
ISBN 978-3-579-08233-2

www.gtvh.de

INHALT

VORWORT

Das Vaterunser gehört – zusammen mit der buddhistischen Zufluchtsformel oder der ersten Sure des Korans – zu den unausgeschöpften Quellen innerer Zuversicht. Was erschließt sich mir, wenn ich es im Horizont nichtchristlichen Betens und Meditierens bedenke? Vermag es auch Menschen zu inspirieren, die allem Religiösen gegenüber skeptisch oder ablehnend gegenüberstehen? Man kann es ästhetisch und historisch, intellektuell und existenziell würdigen. Da es sich um einen religiösen Text handelt, wird die Frage nach der existenziellen Bedeutung im Vordergrund stehen. Unter welchen Voraussetzungen kann ich das Vaterunser für wertvoll halten, für mich nutzen? Muss ich Christ / Christin sein, um in irgendeiner Weise von ihm Gebrauch machen zu können? Ist die Annahme, es existiere tatsächlich ein »Vater im Himmel«, dafür eine unerlässliche Voraussetzung?

Veränderte Verstehens-Voraussetzungen

Zusammen mit vielen Christen und Christinnen heute glaube ich nicht im traditionellen oder gar fundamentalistischen Sinn an die »Existenz« eines göttlichen »Vaters im Himmel«. Ich glaube nicht an eine für sich bestehende »übermenschliche«, »jenseitige« Welt. Ich kann mir nur eine Wirklichkeit vorstellen, in der Diesseits und dem Diesseits Jenseitiges, Menschliches und dem Menschlichen Entzogenes zusammengehören. Wie kann ich unter diesen Voraussetzungen beten? Was tue ich da? Ich spreche, denke, fühle in Worten von Menschen, die vor mir gebetet haben, ohne dass sie an der »Existenz« des Adressaten ihrer Gebete gezweifelt haben. Ich lasse mich in das Vertrauen hineinziehen, das sich in ihren Formulierungen ausspricht. Auch das Vaterunser ist mir dabei eine Hilfe. Ist das ein unlauteres Vorgehen? Warum wähle ich das Vaterunser und nicht die erste Sure des Korans oder die buddhistische Zufluchtsformel? Unter anderem darüber will ich mir Rechenschaft geben.

Ich habe das Vaterunser erst spät entdeckt. Manche Choral-Zeile lag mir von meiner Kindheit her zunächst näher. »Wer nur den lieben Gott lässt walten ...« Oder auch: »So nimm denn meine Hände und führe mich.« Oder schlicht das »pietistische« freie Beten. In meinem Elternhaus spielte das Vaterunser keine besondere Rolle. Meine Mutter lebte mit ihrem Gesangbuch. Für meinen Vater, einen frommen fränkischen Pfarrer, war das Vaterunser wohl in erster Linie ein Element der Liturgie, die er freilich sehr ernst nahm.

Vielleicht hatte ich sogar eine Zeitlang eine Aversion gegen das Vaterunser. Schon früh störte mich der Anfang: Vater! Mit meinem leiblichen Vater verstand ich mich in der Regel sehr gut. Später wurde ich selbst Vater. Aber Gott als Vater? Als eine Art Person? Gar als »abba«, als »Papa«? Das kam und kommt für mich so schon seit langem nicht mehr infrage. »Gott will uns damit locken, dass wir glauben sollen, er sei unser rechter Vater und wir seine rechten Kinder.« So hatte Martin Luther im Kleinen Katechismus die Vaterunser-Anrede erläutert, für seine Zeit gut nachvollziehbar. Für heutige Ohren aber eine durchaus problematische Formulierung. Ich will Gott gegenüber kein Kind sein. Damit kann man mich nicht »locken«. Es stößt mich eher ab. »Kinder« Gottes werden nach dem griechischen Sprachgebrauch des Paulus als »Söhne« (ergänze: und »Töchter«) Gottes bezeichnet. Nur Johannes spricht sanft von »Kindern«, in Luthers ursprünglicher Übersetzung von »Kindlein«. Sich das »innere Kind« bewahren und insofern dann »wie die Kinder werden«, das sollte auch dem Erwachsenen möglich sein. Aber damit kann nicht gemeint sein, dass Christen ihr Leben lang in den Glaubensvorstellungen ihrer Kindheit stecken bleiben dürfen.

Irgendwie stört mich auch der Schluss des Vaterunsers, der, wenn man ihn nicht sehr mit Bedacht betet, eher übertrieben und schwülstig klingt. Ursprünglich gab es ihn so gar nicht. Er wurde erst später angefügt. Beginnt sich hier nicht bereits die vollmundige religiöse Rede zu entwickeln, wie sie dann rasch zum leeren, nichtssagenden Geplapper wird? Das Vaterunser im Gottesdienst als Zusammenfassung vorausgegangener Gebete in wenigen Atemzügen herunterzubeten, ist ohnehin eine Unsitte. Hat uns das »unser Herr Jesus Christus selbst gelehrt«? Man kann ja in der Eile wirklich nicht erfassen, was das alles heißen soll: Gottes Name, sein Reich, sein Wille ... So ist das Vaterunser noch immer ein »Märtyrer«, wie einst schon Luther kritisiert hat, ein gemarterter, malträtierter Text.

Neuer Verstehenshorizont

Doch in meiner ökumenischen Arbeit habe ich auch eine andere Seite dieses Gebets wahrgenommen. Ökumenische Kommissionen haben sich jahrzehntelang bemüht, zu einem gemeinsamen Verständnis des Glaubensbekenntnisses zu finden. Das Bekenntnis von Nizäa-Konstantinopel wurde weltweit ausgelegt und kommentiert; vielerlei wurde formuliert und dokumentiert. Auch ich habe mich daran beteiligt. Bis mir auffiel, dass es gar nicht ein Glaubensbekenntnis ist, was die Christenheit verbindet, sondern das Vaterunser. Manche Denominationen haben überhaupt kein Glaubensbekenntnis; die Ostkirchen verwenden das eben genannte Bekenntnis von Nizäa-Konstantinopel, die Westkirchen im Wesentlichen das Apostolikum. Aber überall in der Christenheit wird das Vaterunser gebetet. Weder das Herzensgebet der Ostkirche noch Ave Maria oder Rosenkranz im Katholizismus haben eine ähnliche ökumenische Bedeutung erlangt. Es ist das Gebet, das »die Welt umspannt«, wie Helmut Thielicke einst formuliert hat[1], und die Weltchristenheit umspannt es ja tatsächlich. Auch die Geschichte der Christenheit hat es von Anfang an begleitet. Eine Zeitlang hat man in der Ökumene – nach einem Vorschlag von Karl Rahner – nach »Kurzformeln des Glaubens« gesucht – hier ist die »Kurzformel«. Ist sie allzu kurz? Fehlt in ihr etwas Wesentliches? Ich lasse das zunächst offen.

Doch mich interessiert noch eine andere Frage: Umspannt das Vaterunser am Ende nicht nur die Christenheit? Ist es so allgemein gehalten, dass es letztlich sogar die gesamte Menschheit umgreift?

Interreligiöser Kontext

In Zeiten von Migration und universaler Kommunikation gerät das Vaterunser in Konkurrenz mit religionsgeschichtlich ähnlich relevanten Gebetstexten. Ist es überhaupt ein christliches Gebet? Überall in den Religionen wird gebetet oder, wenn nicht gebetet, so doch meditiert. Die Nähe des christlichen Vaterunsers zum jüdischen Qaddisch und zum Achtzehngebet ist unübersehbar. Auch andere Religionen haben »ihr« Vaterunser. Man hat nicht selten die 1. Sure des Korans mit dem Vaterunser verglichen: »Im Namen Gottes, des Barmherzigen, des Erbarmers. Lob sei Gott, dem Herrn der Welten, dem Erbarmer, dem Barmherzigen (...).« In den hinduistischen Traditionen kennt man so genannte Mantras, die sich mit dem Vaterunser vergleichen lassen; sie werden formelhaft-liturgisch auch von den einzelnen Gläubigen wiederholt. Der Religionswissenschaftler Friedrich Heiler verweist auf einen klassischen buddhistischen Text, der als »buddhistisches Vaterunser« bezeichnet wurde: »Was immer es für Lebewesen gibt, alle ohne Ausnahme, seien sie beweglich oder unbeweglich, lang oder kurz, groß oder klein, fein oder grob, sichtbar oder unsichtbar, fern oder nah, schon geboren oder erst nach der Geburt strebend – alle Wesen seien beglückten Herzens.«[2] Sollte sich am Vaterunser Neues erschließen, wenn man es im Kontext nichtchristlichen Betens versteht? Wie liest ein Hindu das Vaterunser? Wie ergeht es damit einem Buddhisten? Der Dalai Lama hat immerhin zu einzelnen Gedanken des Vaterunsers Stellung genommen. Stimmen zur Reaktion von Muslimen auf den Vaterunser-Text finden sich z.B. im Internet. Welche Entdeckungen sind hier zu machen? Stört das Vaterunser die Ökumene der Religionen oder trägt es zur Einheit der Menschheit bei?

Areligiöse Rahmenbedingungen

Doch weitaus nicht alle Menschen beten. Zunehmend mehr Menschen auf unserem Globus halten das Gebet für eine menschheitsgeschichtlich überholte Angelegenheit, die, wenn man an ihr festhielte, vom eigentlichen Leben abhalten würde. Beten ist für sie kein Thema mehr. Was die in einem religiösen Text vorkommenden Begriffe bedeuten könnten, interessiert sie nicht. Humorvolle Paraphrasen ziehen das Vaterunser ins Lächerliche. Mitunter ist in solchen Umformulierungen auch bittere Enttäuschung zu spüren. Bei Ernest Hemingway findet sich als eine ferne Erinnerung an das Vaterunser das »Gebet«: »Nada unser, der du bist im nada, nada sei dein Name, dein Reich nada (...).«[3] Kann das Vaterunser einem Agnostiker oder Atheisten, einem Verlassenen oder Verzweifelten (wie dem von Hemingway beschriebenen »Gast« in einem »sauberen, gutbeleuchteten Café«) etwas bedeuten, obwohl er nicht an »Gott« glaubt? Ich habe an anderer Stelle den Versuch unternommen, einen Vaterunser-Text zu formulieren, der Sinn machen könnte auch ohne einen expliziten Glauben an Gott. Die Zahl derjenigen Menschen scheint zu wachsen, die unter dem Eindruck von Technisierung und Säkularisation jedenfalls im traditionellen Sinn nicht (mehr) beten, obwohl sich ihnen vielleicht ein stummer, unadressierter Hilfeschrei in Herz und Mund drängen mag. Auf den Wortlaut des Herrengebets hin sind sie zunächst kaum noch ansprechbar. Ist das Vaterunser ein Text, der ihnen vielleicht auch unter areligiöser oder mindestens agnostischer Perspektive etwas zu sagen hätte? Sollte dies der Fall sein, was hätte es für ein erweitertes christliches Verständnis zu bedeuten?

Chor der Kommentare

Beim Blick in mein Bücherregal bin ich überrascht davon, wie viele Auslegungen des Vaterunsers sich da bereits angesammelt haben: Von den Kirchenvätern Tertullian und Cyprian über die Reformatoren bis zu Veröffentlichungen der letzten Jahre. Der protestantische Theologe Karl Barth hat das Vaterunser nach den Katechismen der Reformation kommentiert. Er versucht »eine etwas verbesserte Darstellung ihrer Lehre«.[4] Zu Luthers Verständnis des Herrengebets habe ich selbst vor Jahren eine zur Meditation anregende Zusammenstellung von Äußerungen des Reformators herausgegeben – unter dem Titel »Amen. Das Weitere findet sich.«[5] Die Mystikerin Teresa von Ávila nahm das Vaterunser als Einladung zu Kontemplation und »innerem Gebet« wahr.[6] Der katholische Religionsphilosoph Romano Guardini erschließt es als ein »Einvernehmen mit Gott«, ein Bitten um das, »wonach Gottes Herz selbst verlangt«.[7] Der lutherische Theologe Gerhard Ebeling predigt über das Vaterunser unter dem Eindruck reformatorischer Einsichten.[8] Die jüngst von Jürgen Werbick vorgelegten theologischen »Meditationen« verstehen sich als systematisch-theologisch reflektierte »Einführung ins Christsein«[9], während die Kommentierung von Klaus Berger[10] eine eigenwillige Mischung von theologiegeschichtlicher Information und unmittelbarer spiritueller Umsetzung darstellt. Die exegetische Literatur, etwa die Auslegung von Eduard Lohse[11], wirkt gegenüber all dem eher blass. Auch ein paar randständige Interpretationen fallen mir auf: der anthroposophisch inspirierte Versuch von Friedrich Rittelmeyer[12] oder der Vorschlag von Arnold Bittlinger:

»Das Vaterunser. Erlebt im Licht von Tiefenpsychologie und Chakrenmeditation.«[13]

Ist es angesichts dieser Fülle von Literatur überhaupt sinnvoll, ein weiteres Buch über das Vaterunser zu versuchen? Zum bisherigen und traditionellen Verständnis des Vaterunsers werde ich nur die nötigsten Informationen referieren. Mich interessiert, in welche neuen Kontexte das Vaterunser mit der Globalisierung des 21. Jahrhunderts geraten ist. Ich werde Ausschau halten nach Bezugnahmen auf das Vaterunser in anderen Religionen und in religionskritischer Literatur. Ich werde gläubige und andersdenkende Menschen nach ihren Erfahrungen oder Schwierigkeiten mit dem Beten befragen und mich mit ihnen austauschen. Ich werde dabei meine eigenen Probleme mit dem Vaterunser einer Klärung näher zu bringen versuchen. Kann eine inter- und areligiöse Interpretation das Vaterunser für Christen wie auch Nichtchristen von einer neuen Seite her erschließen? Wird es, von fundamentalistischer Umklammerung befreit und als ein bislang unausgeschöpftes Erbe der Menschheit verstanden, neu Menschen für sich gewinnen oder gar für sie hilfreich werden?

Den Versuch, die Vaterunser-Bitten vor dem Horizont nichtchristlicher Religionen und areligiösen säkularen Denkens zu interpretieren, gibt es, soweit ich sehe, noch nicht. Ich unternehme ihn nicht unbefangen und nicht ohne theologische Bedenken. Die katholische Messliturgie kennt – als liturgische Aufforderung zum gemeinsamen Sprechen des Herrengebets – die Wendung: »... wagen wir zu sprechen: Vater unser im Himmel ...« Wagen wir es zu sprechen auch in dem Wissen, dass es keinen »Vater im Himmel« gibt und dass wir neu bedenken müssen, was diese Vaterunser-Bitten für uns zu bedeuten haben? Was mir vorschwebt, empfinde ich durchaus als gewagt. Wer wird bei diesem Versuch in zustimmenden oder kritischen Austausch mit mir treten wollen? Ich werde für jede Form der Begleitung dankbar sein.

Es dürfte sich empfehlen, sich pro Tag nur ein einziges Kapitel, nur eine Bitte vorzunehmen. Jeden Tag eine Vaterunser-Bitte – das wäre zugleich eine säkular-spirituelle Übung.

Ein junger Pfarrer aus meinem Bekanntenkreis wollte eine alte Frau besuchen, von der alle sagten, sie reagiere auf niemanden und nichts. Er ließ sich nicht abhalten, er wollte seine Botschaft ausrichten. Nach einiger Zeit vergeblicher Bemühungen schlug er vor: »Beten wir noch ein Vaterunser!« Darauf sie: »Jetzt haben Sie endlich etwas Gescheites gesagt.« Vielleicht ergeht es manchem, der mit Religion und speziell dem Christentum nichts anzufangen weiß, ähnlich. Er / sie könnte entdecken, dass das Vaterunser etwas »Gescheites«, Kluges, Weiterführendes ist.

Marburg, im Oktober 2015 *Hans-Martin Barth*

VATER UNSER – UND KEIN VATER IM HIMMEL?

Ein religiöser, tiefgläubiger Mensch könnte sich sagen: Wenn ich die beiden ersten Worte des Vaterunsers aus tiefstem Herzen gesprochen habe – »Unser Vater!« –, brauche ich im Grunde nicht fortzufahren. Dann erübrigen sich alle weiteren Bitten. Dann ist mein Gebet bereits erhört. Ist – im Umkehrschluss – für einen säkularen, nichtgläubigen Menschen das Vaterunser mit den ersten beiden Worten schon erledigt, wenn ich mir einen Vater im Himmel nicht denken kann, geschweige denn etwas von ihm spüre?

DAS VATER-SYMBOL IN DEN RELIGIONEN

Viele Vater- und Muttergottheiten

Die Christen haben die Bezeichnung Gottes als »Vater« nicht erfunden. In der Welt der Religionen wimmelt es von Vater- und auch von Mutter-Gottheiten. Vater-Götter gehören zum Grundbestand der Religionsgeschichte. Am bekanntesten ist in unseren Breiten Zeus, der »Vater der Götter und Menschen«. Er ist aus der Welt der indoeuropäischen Religion hervorgegangen, schon dort war er mit dem Himmel verbunden. Das Vater-Bild für Gott hat höchst unterschiedliche Wurzeln. Die innerfamiliäre Hierarchie wird eine davon sein. Bei den Kelten galt der Stammesvater als Vatergott, bei den Germanen Odin als »Allvater«. Die alten Ägypter konnten den Gott Re oder auch den manchmal mit diesem gleichgesetzten Atum mit dem Vater-Gedanken verbinden. Schon bei den Sumerern, etwa im Gilgamesch-Epos taucht ein Göttervater An auf, ohne allerdings große Aktivitäten zu entwickeln. Im Zeushymnus des Kleanthes wird Zeus als »Vater« angerufen, er möge das Übel davonscheuchen und die Menschen die Einsicht lehren, »kraft derer gerecht du den Weltenlauf lenkest!« (Übersetzung Dietrich Ebener). Der Hymnus ist deswegen gelegentlich als »antikes Vaterunser« bezeichnet worden. Das Vater-Symbol vermochte also höchst Unterschiedliches zum Ausdruck zu bringen. Es diente der Vergewisserung in einem Stammeszusammenhang, der zum Weltganzen hin erweitert werden konnte. Dann garantierte der »Vater des Alls« die Einheit aller Weltphänomene und sicherte zugleich ihr Woher und ihren Bestand. Oft wird sich aber in der Verehrung einer Vater- oder Muttergottheit auch schlicht das Selbstverständnis des verehrenden Menschen zum Ausdruck gebracht haben: Er/Sie sah sich als schlechthin unterlegen, im besten Fall als Kind.

Biblische Traditionen

In eine weithin andere Welt geraten wir, wenn wir das Alte Testament/die Hebräische Bibel aufschlagen. Lange Zeit hat man behauptet, für den Glauben Israels habe der Glaube an Gott als »Vater« kaum etwas bedeutet. Doch bei näherem Zusehen zeigt sich, dass das so nicht stimmt. Es ist allerdings selten der einzelne Gläubige, der sich Gott als »Vater« gegenübersieht. Vorrangig geht es um das Verhältnis Gottes zu seinem Volk: Gott ist »ein Vater für Israel« (Jer 31,9); Israel ist sein »Sohn« (Hos 11,1). Aber einzelne Psalmbeter wissen, wie sie Gott nennen dürfen: »Du bist mein Vater, mein Gott und Hort, der mir hilft« (Ps 89,27, so soll David sprechen). »Wie sich ein Vater über Kinder erbarmt, so erbarmt sich der Herr über die, die ihn fürchten« (Ps 103,13). »Aber nun, Herr, du bist doch unser Vater! Wir sind Ton, du bist unser Töpfer, und wir alle sind deiner Hände Werk« (Jes 64,7). Auch hier wird die Vater-Funktion Gottes jeweils unterschiedlich bestimmt: Gott kümmert sich nicht nur um den Einzelnen, sondern um das ganze Volk Israel. Auch der Einzelne aber weiß sich bedingt und abhängig von Gott als dem Schöpfer, auf den er seinerseits sich verlassen kann. Diese verschiedenen Funktionen sammeln sich dann in jüdischen Gebeten wie dem sogenannten Achtzehngebet und dem Quaddisch. Beide Texte müssen als Hintergrund und Kontext des Vaterunsers gewertet werden. Juden sprachen und sprechen Gott an als »du, Herr unser Gott und Gott unserer Väter«, als »Abinu Malkenu«, »Unser Vater, unser König«. Die Vater-Anrede hat ihren Stellenwert, aber sie steht in der Regel nicht allein. Die unvergleichliche Hoheit Gottes soll niemals vergessen werden. Dies schloss aber wohl nicht aus, dass einzelne Beter – etwa in Qumran – Gott als »ihren« Vater, als »abba« angesprochen haben.[1] Wenn Christen das Vaterunser beten, so urteilt ein jüdischer Autor, »bekennen sie sich in geistiger Hinsicht zusammen mit Jesus als jüdische Fromme«.[2]

Trotzdem ist das von Jesus gebrauchte »abba«, »Vater«, von den Ersten, die ihm nachfolgten, offenbar als etwas Besonderes und für ihn Charakteristisches verstanden worden. Sonst hätte es sich kaum als Fremdwort inmitten der griechisch geschriebenen Texte des Neuen Testaments erhalten. Nicht nur Kinder, sondern auch Erwachsene konnten ihren Vater als »abba« anreden. Der Begriff darf also nicht verniedlicht oder romantisiert werden zu »Väterchen« oder gar »Papa«. Er stellt eine äußerst nüchterne Gottesbezeichnung dar. Er entspricht dem schmucklosen, auf die »Himmel« und das »unser« verzichtende Anrede der Vaterunser-Fassung nach der Lukas-Überlieferung: »Vater!« Auch die einzige Stelle, an der das »abba« Jesus selbst in den Mund gelegt wird, hat nichts mit kindlicher Gefühlswelt zu tun. Im Bewusstsein seines bevorstehenden Todes betet Jesus: »Abba, mein Vater, alles ist dir möglich; nimm diesen Kelch von mir; doch nicht, was ich will, sondern was du willst!« (Mk 14,36).

Religionspsychologische Zwischenüberlegung

Die Vater-Anrede an Gott steht also in einem weiten religionsgeschichtlichen Zusammenhang. Sie gerät damit ins Visier der Religionspsychologie. Sigmund Freud weiß psychologisch zu erklären: Der Mensch, der mit den »Naturkräften« nicht klar kommt, verleihe diesen »Vatercharakter«, mache sie zu Göttern. In seiner Angst schaffe der Mensch sich »die Götter, vor denen er sich fürchtet, die er zu gewinnen sucht und denen er doch seinen Schutz überträgt«.[3] Ein ambivalentes Ergebnis. Auch Feuerbach hatte psychologisch argumentiert, ohne allerdings diese Ambivalenz zu erkennen: Das Wort »Vater« ist für ihn der Ausdruck der »innigsten Einheit«, »*der* Ausdruck, in dem unmittelbar die *Gewähr* meiner Wünsche, die *Bürgschaft* meines Heils liegt«.[4] Alain de Botton, ein atheistischer Autor der Gegenwart, sieht dies eher im Bild der Mutter, der Göttin, gegeben. In manchen Momenten »möchten wir nur noch in den Arm genommen und getröstet werden« wie als Kinder von der Mutter. Insofern ist für ihn die Marienverehrung »Religion in ihrer infantilsten und naivsten Form«.[5] Er denkt natürlich auch an griechische Göttinnen oder an die im chinesischen Buddhismus verehrte Guanyin.

Gegenrechnung

Ist die Vaterunser-Anrede mit diesen religionsgeschichtlichen und religionspsychologischen Hinweisen erledigt – und damit das ganze Gebet? Von Interesse kann es sein, noch kurz die Gegenrechnung aufzumachen. Nicht alle Religionen wissen um einen Gott als »Vater«. Der Buddhismus kennt bekanntlich nicht einmal – im Sinn des westlichen Theismus verstandene – Götter, wenn es dann in bestimmten Varianten doch zu Personifizierungen gekommen ist. Das Absolute ist nicht personal, sondern Leerheit, *shunyatta*. Nicht im Bitten, sondern in der Meditation liefert man sich ihm aus. Buddhisten finden ihre Zuflucht bei Buddha, bei seiner Lehre, dem *dharma*, und der Gemeinschaft der Praktizierenden, dem *sangha*. Blicken wir noch auf den Islam. Der Islam lehnt den Vaternamen streng ab. »Vater« gehört nicht zu den 99 schönsten Namen Allahs. Muslime wissen trotzdem eindrücklich ihr Vertrauen auf Allah auszudrücken. Das arabische Wort für »vertrauen« leitet sich ab von einem Begriff, der zunächst »jemanden mit etwas betrauen« (*wakala*, I. Stamm), dann »jemanden bevollmächtigen« (*wakkala*, II. Stamm) und schließlich »sich selbst jemandem anvertrauen« (*tawakkala*, V. Stamm) heißt. Robert Breitinger interpretiert: »Wir erteilen hier also Allah eine *Vollmacht über uns selbst*! Wir *entmündigen* uns gewissermaßen und geben uns Ihm in *vollkommenem Vertrauen* hin (...). Diese umfassende *Vollmacht über uns selbst* können wir Gott deshalb geben, weil er der *Allerbarmer* ist (...).«[6] Dass Muslime Gott dezidiert nicht als Vater anrufen wollen oder können, markiert gleichwohl einen gravierenden Unterschied zu christlicher Spiritualität. »Unser Vater« nach christlichem Verständnis entmündigt nicht, sondern er setzt erwachsene Söhne und Töchter zu »Erben« ein (Röm 8,17 und öfter). Auch das Fraulich-Mütterliche der chinesischen Guanyin ersetzt für meine christliche Wahrnehmung den im Vaterunser angerufenen »Vater im Himmel« nicht. Aber muss der säkulare, areligiöse Mensch nicht ohnehin ohne ihn auskommen?

GOTT »UNSER VATER« IM ARELIGIÖSEN UMFELD

Gegenrede: Kein Vater im Himmel

Friedrich Nietzsche: »›Der Vater‹ in Gott ist gründlich widerlegt (...): er hört nicht – und wenn er hörte, wüsste er trotzdem nicht zu helfen (...).«[7] Andererseits spielt das Vater-Symbol, wie wir gesehen haben, in vielen Religionen eine Rolle. Lässt es sich auch unter säkularen Voraussetzungen als sinnstiftend erschließen? Dass es keinen Vater im Himmel gibt, kann Bedauern auslösen. Eine Enttäuschung wie die des heranwachsenden Kindes, wenn ihm dämmert, dass es weder einen Weihnachtsmann noch einen Osterhasen gibt. Ein gütiger Vater im Himmel? Selbst überzeugte Atheisten können sagen: Wenn es doch wahr wäre! Oft stehen leidvolle Erfahrungen hinter der Trauer über einen leeren Himmel. Ich habe gebetet – aber es hat nichts geholfen. Wo war Gott in Auschwitz? In Vietnam? Beim Ausbruch der Ebola-Epidemie? Absurd erscheinen die durch die Templeton Foundation finanzierten Experimente, die nachweisen sollten, dass sich Gebete für Patienten positiv auswirken. Voller Spott kann der Religionskritiker Richard Dawkins darüber berichten.[8] »Gott Vater & Co« haben versagt.

Es gibt aber auch Stimmen, die es begrüßen, dass es keinen Gott Vater im Himmel gibt. Am eindrücklichsten geschah dies wohl durch den amerikanischen Tod-Gottes-Theologen Thomas J. Altizer, der in den 70er Jahren des vorigen Jahrhunderts als »Evangelium« verkünden wollte, dass es keinen Gott gibt (»The Gospel of Christian Atheism«). Eine »frohe Botschaft«: Gott hat sich aufgegeben. Er steht nicht mehr als bedrohliche Macht über mir. Endlich sind wir frei, können unsere eigenen Wege gehen. Diese befreiende Botschaft braucht heute niemand mehr. Als säkularer, aufgeklärter Mensch weiß ich, dass ich nur mir selbst, der Gesellschaft und meiner Mitwelt gegenüber verantwortlich bin.

Gott der Vater – in seiner monotheistischen Zuspitzung – war eine gefährliche Erfindung. Der Vater ist ja nicht immer nur der behütende und treu sorgende. Er stellt Ansprüche, will respektiert sein. Der Ägyptologe Jan Assmann hat hier aus seiner Warte mit allerdings problematischen religionswissenschaftlichen Argumenten nachgelegt: Der monotheistische Glaube, dem ja auch ein Gebet wie das Vaterunser zuzurechnen ist, habe erst die Aggressivität der Religionen ausgelöst. Erst als es den »einen Gott« zu verteidigen galt, konnte zwischen richtigem und falschem Glauben unterschieden werden. Damit musste es zu Spannungen und Konflikten zwischen den Religionen kommen, ja zu kriegerischen Auseinandersetzungen. Im Endergebnis also: Besser keine Religion als so eine!

Schließlich könnten mir auch ethisch begründete, sozusagen »fromme« Vorbehalte gegen ein Gebet zum »Vater im Himmel« in den Sinn kommen. Wer einen »Vater im Himmel« für sich in Anspruch nimmt, ist völlig auf sich selbst bezogen. Er sucht Hilfe für sich selbst oder seine unmittelbaren Nächsten. Er weiß sich nicht selbst zu helfen in seiner Not. Solches Beten ist egoistisch! Das soll christlich sein? Außerdem ist es unreif, kindisch. Der Weihnachtsmann kommt nicht.

Ausrede: Mystik und Meditation

Aufgeklärte mitteleuropäische Christen des 21. Jahrhunderts stellen sich in der Regel Gott den Vater nicht als eine quasipersönliche Gestalt vor, die in einem fernen Jenseits waltet und von dort in unsere Welt nach Belieben hineinregiert. Sollte eine theistische Vorstellung von »Gott« die Voraussetzung für alles Beten darstellen, dann macht das Vaterunser für Menschen, die diese Vorstellung nicht teilen, natürlich keinen Sinn. Wie aber dann? Genügt es, an eine »höhere Macht« zu denken? Könnte ich das Vaterunser pantheistisch beten? Mit einem frommen Blick auf die Natur, den Kosmos, die Zukunft? Dann sollte ich wohl lieber meditieren als beten, ohne Anrede an einen Vater, der offensichtlich nicht existiert?

Menschen, die mit Religion und Kirche nichts vorhaben, stoßen sich nicht nur an theistischen Gottesvorstellungen, wie sie von der Tradition her noch vielfach vertreten werden. Für sie gibt es nur diese uns umgebende Welt und das menschliche Leben, wie es eingespannt ist zwischen Geburt und Tod und in diesem Rahmen eben gestaltet, verbracht und ertragen werden muss. Nicht nur der Gedanke an einen jenseitigen Gott liegt ihnen fern, sondern auch der an den »Himmel«, an eine jenseitige Welt. Es gibt für sie keine Transzendenz, sondern bestenfalls ein »Transzendieren ohne Transzendenz«, wie der marxistische Philosoph Ernst Bloch es ausgedrückt hat.[9] Natürlich wird der seiner selbst bewusste Mensch immer wieder über den Tellerrand seiner jeweiligen Situation hinausschauen wollen. Aber wenn er sich nichts vormachen will, wird er es bei den immanenten Möglichkeiten des Transzendierens belassen. Er kann dann die Poesie schätzen. Sie mag ihm helfen, seine Wirklichkeit in einem anderen Licht zu sehen. Er kann Utopien entwerfen, aber er wird nicht vergessen, dass es sich um Utopien handelt, und sie nicht mit der Wirklichkeit verwechseln.

Kann die Meditation weiterführen? Für viele Praktizierende hat Meditation mit Transzendenz zu tun. Eine eigene Richtung nennt sich sogar ausdrücklich »Transzendentale Meditation«. Mystik kommt in den Blick. Das Vaterunser als mystisches Gebet? Doch auch die Gefühlswelt der Mystik bietet keinen zuverlässigen Grund; es sind ja meine Gefühle, denen ich hier begegne. Die Mystik entkommt dem Projektionsverdacht genauso wenig wie das theistische Denken. Mystik ist nicht weniger auf Gegebenheiten dieser Welt begrenzt als das klassische Gebet, wie es in nahezu allen Religionen begegnet. Sie hat ihre biologischen, genauer: psychosomatischen Voraussetzungen und Grenzen. Meditation bereichert und vertieft das menschliche Leben. Sie hilft mir wahrzunehmen, was sich in mir tut und wer ich bin. Sie motiviert den Menschen, »Freundschaft zu schließen mit sich selbst« (Pema Chödrön). Das ist ein großes Geschenk, eine natürliche Ressource, die es auszuschöpfen gilt. Mehr aber auch nicht.

Unausgeschöpftes Kulturgut

Was soll also jemand mit dem Vaterunser anfangen, für den es weder einen »himmlischen Vater« noch auch irgendeine Form von über die Welt hinausführende Transzendenz gibt? Vielleicht lehnt er beides gar nicht ausdrücklich ab, aber es spielt für ihn schlicht keine Rolle. Für nicht wenige Menschen tauchen Themen wie »Gott«, »Gebet« oder »Jenseits« gar nicht erst auf. Texte wie das Vaterunser erscheinen dann allenfalls als überkommenes kulturelles Gut, Weltkulturerbe, aber für die Gegenwart ohne Belang.

Manch Vergangenes ist durchaus präsent. Die großen Schöpfungen der Kunst begleiten uns. Was sie zu sagen haben, ist noch nicht ausgeschöpft. Manchmal ist es auch das Merkwürdige, was neugierig machen kann. Was hat es für mich zu bedeuten? Die Weltgesellschaft kümmert sich um ihr Weltkulturerbe.

Wem ein alter Text wie das Vaterunser »von außen« in den Blick gerät, wird sich vielleicht auf eine vergleichbare Weise fragen: Wie konnten Menschen mit solchen Sätzen leben, sie als hilfreich empfinden? Etwa 40 % der deutschen Bevölkerung kennen den Text des Vaterunsers noch auswendig, und eine respektable Zahl von Kirchgängern spricht ihn regelmäßig im Gottesdienst. Wenn sie es nicht routinemäßig tun, werden auch sie ihre Fragen haben: Was sollen wir als Zeitgenossen eines säkularen Jahrhunderts dabei denken? Religiöse und nichtreligiöse Menschen leben unter demselben Himmel. Der eine, dem das Vaterunser wenigstens merkwürdig und historisch interessant erscheint, kann auf den Gedanken kommen, sich zu fragen: Sollte es mir wirklich in irgendeiner Hinsicht zu denken geben? Die andere, der es vertraut ist, überlegt: Was hat es mir eigentlich noch zu bedeuten – und warum?

VORAUSSETZUNGSLOSES VATERUNSER

Gott, den »es nicht gibt«

Bleibt das Vaterunser sinnvoll, wenn man dem Vater-Symbol kritisch gegenübersteht? Muss man, wenn man es verstehen oder gar beten will, an einen persönlichen Gott glauben? Ist die Annahme eines wie auch immer gedachten Gottes Voraussetzung für einen intellektuell redlichen Umgang mit dem Vaterunser? Kann man es vielleicht sogar partiell nutzen, ohne alle seine ursprünglichen Implikationen zu akzeptieren?

Die am weitesten reichende Voraussetzung für einen sinnvollen Umgang mit dem Vaterunser scheint die zu sein, dass »es Gott gibt«. Theologen behaupten, dass man so von Gott nicht reden könne; schließlich sei Gott kein Gegenstand innerhalb der irdischen Welt. »Einen Gott, den ›es gibt‹, gibt es nicht«, hatte Dietrich Bonhoeffer prägnant formuliert.[10] Aber vielleicht gibt es den Gott, den es nicht gibt? Wie kann man ihn denken? Es ist sinnvoll, sich erst einmal die Problematik des Existenzbegriffs klarzumachen. Dass vielerlei existiert, das man nicht greifen kann, hat sich herumgesprochen. Für mich ist ein schlichtes Beispiel unser Umgang mit unserer Vorstellung von »morgen«, dem morgigen Tag. Es gibt »morgen« (noch) nicht, aber ich rede von morgen, als ob es »morgen« gäbe: Morgen geht die Sonne auf. Darf man von Gott reden, als ob er existierte? Wie wäre es zu begründen? Jesus und viele Menschen vor und nach ihm haben so von Gott geredet, wobei sie voraussetzten, dass Gott existiert, ohne es wirklich begründen zu können. Jesus hatte vermutlich eine bestimmte Gottesvorstellung, obwohl ihm als einem Juden sicher deutlich war, dass man den Namen Gottes nicht einmal sachgemäß aussprechen kann. In Israel wich man daher auf andere Begriffe aus, wie den »Himmel«, was sich ja gerade auch beim Vaterunser zeigt. In jüdischen Texten, die in deutscher Sprache wiedergegeben werden, liest man daher nicht von ›Gott‹, sondern von ›G“tt‹. Alle Vorstellungen von Gott sind inadäquat, stimmen nicht. Denn mit Gott ist es so, dass er »weder ist noch nicht ist, noch auch ist und nicht ist, noch auch ist oder nicht ist (...) Alle diese Bezeichnungen berühren ihn nicht.« So hat es der Mystiker Nikolaus von Kues im 15. Jahrhundert formuliert.[11] Weder von einem Sein noch von einem Nichtsein Gottes lässt sich eindeutig sprechen. Es lässt sich nur sagen, wie über sein Sein nicht gesprochen werden sollte. Wenn man Gott nur über eine Vorstellung, die den Vorgestellten ohnehin nicht trifft, sich bewusst machen kann, sollte man dann die Frage nach seiner »Existenz« nicht offen lassen? Ist es dann nicht genug, dass sich, ohne dass die Frage nach seiner Existenz geklärt wäre, sein »als ob« auswirken kann? In einem Gedicht von Paul Celan finden sich die Zeilen:

> »Gelobt seist du, Niemand.
> Dir zulieb wollen
> Wir blühn.
> Dir
> entgegen.«[12]

Der »Niemand« wird als jemand angesprochen! Es bleibt dann natürlich die Frage: Warum »Dir / entgegen«? Warum

»Vater unser!«? Warum sich einlassen auf dieses »als ob« und wie sich darauf einlassen?

Personaler Gott?

Nicht infrage zu kommen scheint eine personalistisch-theistische Vorstellung, die es – religionsgeschichtlich gesehen – ohnehin noch nicht allzu lange gibt. Der Neandertaler kannte sie vermutlich noch nicht. Unsere Vorstellung von »Person« ist das Ergebnis eines langen und komplizierten Prozesses. Die Achsenzeit mit ihren markanten Gestalten wie Jesaja oder Sokrates hat daran wesentlichen Anteil. »Persona« war im antiken Theater die Maske. Die übliche Ableitung von »personare« (»hindurchtönen«) ist umstritten. Die Theologen der Alten Kirche haben den Begriff aufgenommen, um die selbständige Existenzweise der trinitarischen »Personen« zum Ausdruck bringen zu können. Auch in der Gegenwart kann der Begriff unterschiedlich interpretiert werden. Nach Auskunft eines philosophischen Lexikons bezeichnet er »das Ich, das Selbst oder Subjekt, insofern es außer dem Bewusstsein und dem Selbstbewusstsein einen Körper besitzt, eine erkennende und handelnde Beziehung zu seiner Umwelt (...) und eine individuelle Geschichte (...)«.[13] Vernachlässigt man den Hinweis auf Körperlichkeit, könnte man immer noch im Blick auf eine Personalität Gottes die Vernunft oder den Willen geltend machen. Der renommierte katholische Theologe Jürgen Werbick konstatiert: »Der Wille macht die Person aus. (...) Ich bin dem anderen begegnet, da ich auf seinen Willen gestoßen bin und an ihm wahrzunehmen begann, wer er ist.«[14]

Gott per Du?

Ohne dies auf den Willen zu reduzieren, hat die Dialogphilosophie das Moment der Begegnung ins Zentrum gerückt: Ich bin, indem du bist. Ich werde durch dich zu dem, der ich bin. Martin Buber sagt es so: »Der Mensch wird am Du zum Ich.« Oder so: «Ich werde am Du; Ich werdend spreche ich Du. Alles wirkliche Leben ist Begegnung.« »Im Anfang ist die Beziehung.« Deswegen dürfe Gott als Person verstanden werden, von allem anderen, was er sein mag, »auch« als eine Person (134). Dies bewähre sich in der Anrede »Du«. »Er« sei eine Metapher, »›du‹ aber nicht.«[15] Buber will wohl auf ontologische Aussagen über Gott letztlich nicht verzichten. Eine Frage, die jedoch sein Ansatz auslöst, lautet: Macht das »Du« Sinn, auch ohne dass es sich auf ein eindeutiges Gegenüber bezieht? Das wird wohl so sein, da ich auch einen Menschen, den ich per Du (oder per Sie) anspreche, nie bis in die letzte Tiefe hinein kenne. Schaffe ich mir sein für mich ansprechbares Du nicht erst, indem ich ihn anrede? Martin Walser beobachtet: »Musik gäbe es ja auch nicht, wenn man sie nicht machte.« »Ohne dich findet die Welt nicht statt.«[16] Gilt das nicht in gewisser Weise auch für mein Verhältnis zu Gott? »Wirklichkeit wird Er in meiner Anrede: *Du*!«[17] Das »als ob« entfaltet seine Kraft und etabliert sich als die eigentliche Wirklichkeit. Der Gebrauch des Du auch gegenüber einer ungeklärten Adresse bedarf keiner metaphysischen Begründung. Die anthropologische Begründung genügt. Menschen äußern ihre intensivsten Beziehungen »per Du«. Natürlich können sie dabei Fehleinschätzungen unterliegen. Es braucht Orientierungshilfen, um nicht zu sagen: Kriterien, in welcher Hinsicht ein gewagtes

»Du« gerechtfertigt ist. Damit kommt wieder der »Vater« des Vaterunsers in den Blick.

Gott als Vater und Mutter

Gewiss geht es nicht nur um den »Vater«. Die Bibel – wie auch die Religionsgeschichte über sie hinaus – kennt viele Bezeichnungen für Gott: König, Richter, Herr, Höchster, Ewiger. Dem heutigen Menschen unserer Breiten sind sie wohl mehr oder weniger alle gleich fremd. Jesus hat den Seinen empfohlen, das »Du« Gottes als »Vater« anzusprechen, und er hat es wohl auch selbst so geübt. Die Väter sind in der patriarchalischen und dann in der »vaterlosen« Gesellschaft in Misskredit geraten. Die Bibel in gerechter Sprache sucht daher, die Bezeichnung »Vater« für Gott so weit wie möglich zu vermeiden. Das Wort »Vater« in der Lukas-Fassung des Vaterunsers übersetzt sie schlicht mit »Gott«, das »unser Vater in den Himmeln« – so die Matthäus-Fassung – mit »Du, Gott, bist uns Vater und Mutter im Himmel«. In Jesu Wort am Kreuz: »Vater, in deine Hände befehle ich meinen Geist« wird ebenfalls »Vater« gestrichen und durch »Gott« ersetzt. Nach Gal 4,6 ruft »die Geistkraft« mit lauter Stimme: »Abba! Vater!« Hier ließ sich das Wort »Vater« nicht vermeiden. Röm 8,15 wurde das im griechischen Urtext stehende »abba« übertragen in »Du Ursprung allen Lebens, sei unser Schutz!« Patriarchalische Assoziationen sollten auf jeden Fall ausgeschlossen werden (obwohl sie sich mit dem eingetragenen Begriff »Schutz« vielleicht doch bemerkbar machen). Man wird fragen dürfen, ob der Islam dadurch, dass er den Vaternamen für Gott ablehnt, den Patriarchalismus vermieden hat und ob die tendenzielle Streichung des Vaternamens aus der christlichen Gebetssprache nicht doch einen Verlust bedeutet. Bei meinen Spaziergängen komme ich manchmal an prähistorischen Hügelgräbern vorüber. Ich bleibe stehen und denke: Wussten die Menschen, die hier begraben wurden, von dem Vertrauen, wie es sich zum Beispiel im Vaterunser ausspricht? Die Rede von Gott als dem Vater Jesu Christi möchte doch das vertraute Verhältnis zwischen dem Rufenden und dem Angerufenen symbolisch zum Ausdruck bringen. Bei programmatischem Verzicht auf das Symbol »Vater« lässt sich emotional nicht mehr ohne Weiteres zum Ausdruck bringen: Gott ist der Verlässliche, dem sich der Glaubende wie ein Kind anvertrauen darf. Zudem hat für Paulus die Rede vom »Vater« impliziert, dass die Glaubenden als Söhne und Töchter Gottes zugleich Erben des Verheißenen sind. Seit alters wird das Vaterunser in der Christenheit im Stehen gebetet – von den erwachsenen Kindern Gottes.

Redliche zweite Naivität

Wer sich auf das »Du« des Vaterunsers einlässt, kann es dabei belassen, ohne sich über die Bedeutung des Vaternamens in diesem Gebet Gedanken zu machen. Er kann es ergänzen im Sinn des feministisch vorgeschlagenen »Vater und Mutter« oder vielleicht überhaupt das Mutter-Symbol vorziehen. Immer wird es eine Möglichkeit sein, Vertrauen zum Ausdruck zu bringen. Solches Vertrauen darf im Sinne einer zweiten Naivität auch die alte Wendung »unser Vater« verwenden, wenn klar bleibt, dass es dabei um ein Symbol geht und nicht um ein objektivierbares Faktum. Objektivierbar ist allein das sich einstellende Vertrauen selbst! Ich selbst verwende den Vaternamen im Gebet nur selten. Ich sage lieber: »Ach, du lieber Gott ...« In dem »Ach« drückt sich aus, dass ich gedanklich nicht wirklich nachvollziehen kann, was ich sage. Oder einfach: »du ...! ...« Einer meiner amerikanischen Freunde beginnt sein Gebet mit einem hingebungsvollen »Our heavenly Father!« Eine von fern mit mir befreundete Nonne sagt: »Am Abend lege ich mich auf mein Kopfkissen wie in den Arm Gottes.« Mich wundert, dass der Philosoph Wilhelm Schmid, ohne sich groß auf das Christentum beziehen zu müssen, schreibt, ihm sei oft auf die Lippen gekommen: »›Danke, Herr, dass du mir so viel Schönes geschenkt hast.‹ Wen ich mit ›Herr‹ meine? Das weiß ich nicht. Es schien mir nur immer so, dass etwas, das viel größer ist als ich, mir dieses Leben gegeben und mich durch dieses Leben geführt hat.«[18]

Das »Du« steht in einer merkwürdigen Spannung zu »unser«: umfassendes unanschauliches »Du« und sehr konkretes, jedenfalls konkretisierbares »unser«. Ursprünglich ist dieses »*unser* Vater« wohl auf die Jünger Jesu bezogen. Versteht man es als vor einem letzten Horizont gesprochen, so wird es auf die gesamte Menschheit beziehbar. Das »Du« ist keine Privat-Angelegenheit, sondern geteilt mit allen Menschen, die sich nach einem »Du« sehnen und mitunter ein verlässliches »Du« erleben.

Man muss nicht eine klare Vorstellung davon haben, ob man an Gott glaubt oder nicht. Man muss nicht von der Existenz Gottes überzeugt sein. Man muss sich auch nicht mit dem Vater- oder Mutter-Symbol anfreunden. Doch man kann sich auf dieses Du einlassen, das uns von Kindesbeinen an vertraut ist, das Jesus den Seinen nahegelegt hat und das von unzähligen Menschen in großem Vertrauen nachgesprochen wurde. Diese Einladung gehört zum unausgeschöpften kulturellen Erbe der Menschheit.

GEHEILIGT WERDE DEIN NAME – »HEILIGEN« SUSPEKT, »NAME« UNBEKANNT?

Wir sind von Namen umgeben. Die Namen unserer Eltern und unserer Kinder sind uns vertraut. Wir sind darauf angewiesen, bestimmte Namen zu kennen – die Namen von Ärzten, Lehrern, Kollegen und Kolleginnen. Wir tragen schließlich auch selbst Namen. Nicht alle Namen sind für uns gleich wichtig. Wie gehen wir mit Namen um, die uns etwas bedeuten? Die sprachlogische Problematik von Namen soll hier nicht näher diskutiert werden. Aber es ist offensichtlich, dass Namen von den frühesten Zeiten der Entwicklung des Menschen an eine wichtige Funktion hatten, säkular und religiös.

RELIGIÖSER UMGANG MIT DEM NAMEN ÜBERIRDISCHER MÄCHTE

Name und Wirklichkeit

Während der Schamanismus weitgehend ohne Namen auskommt, sind Namen von einzelnen Gottheiten in griechischen / ägyptischen Zauberpapyri oder in den Merseburger Zaubersprüchen durchaus von Belang. Es ist hilfreich, den bzw. die Namen einer Gottheit zu kennen. Die Namen der Gottheiten zu kennen ermöglicht, sie herbeizurufen, heranzuholen. Auch wenn man einen Menschen rufen oder per Telefon erreichen will, muss man seinen Namen kennen. Der Name vergegenwärtigt beispielsweise in einem Gespräch auch Abwesende. Für den religiös Praktizierenden kann eine Gottheit durch Aussprechen ihres Namens präsent werden. Das nonverbale Pendant oder eine nonverbale Ergänzung des Namens ist das Kultbild. Die Wirklichkeit des mit dem Namen Bezeichneten wird austauschbar mit dem für ihn gebrauchten Namen. Man kann ihn beachten oder ignorieren und insofern »de-realisieren«. Was ich nicht weiß, macht mich nicht heiß. Wofür ich mich nicht interessiere, das »gibt es nicht«. Nach Meinung des katholischen Theologen Jürgen Werbick zeigt sich im Vaterunser ein »urreligiöses« Phänomen: Gott »gewährt Seine Präsenz denen, die Ihn so anreden«.[1]

Den Namen einer Gottheit zu kennen wurde in der frühen Religionsgeschichte allerdings als ambivalent erlebt. Es vermittelte eine gewisse Verfügungsgewalt über die Macht des Gottes, den man nun gleichsam herbeizwingen konnte. Die

Kraft der Gottheit ließ sich instrumentalisieren, man konnte sie nutzen. Dies zeigt sich noch im abergläubischen Gebrauch der mit dem Kreuzzeichen verbundenen trinitarischen Formel im mittelalterlichen Christentum. Es mag auch den Hintergrund darstellen für die häufige Anwendung der Basmala im Islam, die jede Tätigkeit dem Segen Allahs unterstellt: »Im Namen Gottes, des Erbarmers, des Barmherzigen.« So ließ sich auf Gelingen hoffen und Risiko minimieren. Man kann den Namen der Gottheit einsetzen, etwa um Dämonen zu vertreiben, Heilung herbeizuflehen oder durch einen Eid seine Aussage zu bekräftigen. Man kann ihn aber auch missbrauchen, durch Fluch oder Schadenszauber. Daher mag es sich als sinnvoll oder gar notwendig erweisen, den Namen Gottes nicht dem allgemeinen Zugriff der Menschen auszusetzen. Er gerät in die Spannung zwischen Offenbarsein und undurchdringlichem Geheimnis. Man kennt ihn, aber man weiß nicht, wie er korrekt auszusprechen ist. Im Judentum ist das bis heute so. Das so genannte Tetragramm JHWH, das im Judentum den Gottesnamen bezeichnet, als »Jehova« auszusprechen, war eine auf Missverständnissen bei der Übertragung der hebräischen Punktation beruhende Interpretation von Christen. Juden sprechen den Namen nicht aus. Der religiöse Mensch weiß, dass ohnehin für Gott kein Name wirklich zutreffend sein kann. Im hinduistischen Rigveda heißt es: »Man nennt Ihn Indra, Varuna und Mitra, / Agni, den schön beschwingten Himmelsvogel. / Viele Namen geben die Seher Ihm, der *einer* ist (...).«[2] Meister Eckhart oder Nikolaus von Kues redeten von der Nichtbenennbarkeit Gottes, die zugleich mit seiner Allbenennbarkeit bestehe. Oder Angelus Silesius: »Man kann den höchsten Gott mit allen Namen nennen; man kann ihm wiederum nicht einen zuerkennen.« Der Umgang mit dem Namen von Göttern ist in nahezu allen Religionen gekennzeichnet durch die Spannung zwischen, wie man in der Wissenschaft sagt, kataphatischer und apophatischer Theologie, zwischen wortreichen Darlegungen und Schweigen. Was bedeutet das für das Vaterunser?

Dass sich der Name Gottes einer definitiven Festlegung entzieht, ermöglichte, religionsgeschichtlich gesehen, den Wechsel und die Übertragung von Gottesnamen, wie sich das besonders im Verhältnis zwischen griechischen und römischen Götternamen zeigt: Aus Zeus wurde Jupiter, aus Artemis Diana, aus Hermes Merkur usw. Dasselbe ist aber auch in anderen Sprachräumen zu beobachten: »Allah« verdankt sich dem gesamtsemitischen, auch im Hintergrund des hebräischen Elohim stehenden El. Götternamen werden austauschbar.

Vielfalt der Namen

Die Zahl der Namen hinduistischer Gottheiten unterschiedlichster Relevanz scheint unendlich zu sein. Als das Absolute jenseits aller Namen gilt *brahman*. Man kennt aber auch die Vorstellung einzelner Gottheiten wie Brahma (nicht zu verwechseln mit *brahman*), Vishnu und Shiva. Die Namen einzelner Götter deuten bestimmte Funktionen an, die man ihnen zuschreibt. Sie sind aber weniger Informationsträger als Kraftspender, die rituell genutzt werden, indem man sie ausspricht, anruft, wiederholt. Die Kenntnis eines Namens ermöglicht, im Blick auf eine Gottheit ein »numinoses Gefühl«

sich »verdichten zu lassen«.[3] In einer 1000 Namen-Litanei freilich soll jeder Name »gekostet, gekaut, geschmeckt und einverleibt werden«; auf diese Weise ergebe sich eine »›Wesenserkenntnis‹«.[4] Der universal den Gott »offenbarende Name ist OM«.[5] Das lautliche Mantra OM offenbart nicht, indem es belehrt, sondern indem es ausgesprochen, rezitiert, meditiert und gehört wird. Es ist nicht eigentlich ein Wort oder eine Silbe, sondern – auch in der Form eines künstlerisch gestalteten Symbols – eine spirituelle Manifestation. Der Name bzw. der Laut des Namens ist Vehikel zu dem, was mehr als Name, mehr als alle Namen ist. Das Unendliche erscheint in einem Laut, in einer Silbe. Silbe und Laut verlieren sich im Unendlichen.

Auch unter Buddhisten haben Namen eine andere Bedeutung als im christlich geprägten Westen. Sie haben im Lauf der Zeiten ihre Bedeutung verändert. Am Anfang, im Theravada, galt der Buddha nur als Lehrer. Man konnte seine Weisheit und seine Tugenden preisen. Im Mahayana, einige Jahrhunderte später, wurde der Buddha zu einer transzendenten Größe. Nun gewann der Buddha-Name einen universalen Klang. Er war nicht mehr nur Name einer historischen Gestalt (Siddhartha, Shakyamuni), sondern der Buddha begegnete im *dharma*, in den Grundprinzipien der Lehre, in der sich alle Wirklichkeit sammelte, und im *sangha*, der Gemeinschaft der Mönche. Er vergegenwärtigt sich in der Buddhaschaft, die zugleich als Leerheit begriffen wird. Name und Unnennbarkeit verbünden sich. So kann der Gläubige zum Buddha seine Zuflucht nehmen und doch wissen, dass der Buddha Leerheit ist wie der Zuflucht-Nehmende selbst. Im Zen wird dieses Bewusstsein (wenn es denn noch als solches zu bezeichnen ist) in gewisser Weise methodisch angestrebt. Das Ergebnis berührt sich mit Einsichten des Daoismus: »Der Weg, von dem wir sprechen können, / ist nicht der ewige Weg; der Name, den wir nennen können, / ist nicht der ewige Name (...)«, schließlich: »Wer redet, weiß nicht; wer weiß, redet nicht.«[6]

Ein anderes Verständnis des Gottesnamens finden wir in den monotheistisch orientierten Religionen. Der Unterschied ist allerdings nicht so groß, wie man vermuten sollte. Gerade im Islam weiß man, dass Gottes Transzendenz eine wirklich Gott voll erfassende Erkenntnis seines Wesen unmöglich macht: Einer von den »hundert schönsten Namen Gottes« ist nicht bekannt. Er bleibt Allah vorbehalten; nur Allah selbst kennt ihn. Besonders die Mystik des Islam hat diesen Gedanken stark gemacht. Für orthodoxe Muslime ist »Allah« der Name Gottes, der als Eigenname verstanden wird und daher als unübersetzbar gilt. In seinem Namen ist Allah selbst präsent. Muslimische Eltern freuen sich, wenn ihr Kleinkind »allah« sagen kann. Allah ist »Gott, außer dem es keinen Gott gibt, der König, der Heilige, der Inbegriff des Friedens, der Stifter der Sicherheit, der alles fest in der Hand hat (...). Sein sind die schönsten Namen. Ihn preist, was in den Himmeln und auf der Erde ist. Und er ist der Mächtige, der Weise« (Sure 59, 24f). Aus Koranversen wie diesen (vgl. Sure 7,180) hat sich später die schon genannte Vorstellung der »hundert schönsten Namen« Allahs entwickelt, die mithilfe der Misbaha, der islamischen Gebetskette, vergegenwärtigt werden können. Sie beginnen mit »O Erbarmer, Barmherziger« und enden mit »O voller Geduld«[7]. Die Bezeichnung »Vater« wird offenbar bewusst vermieden.

In Judentum und Christentum hat der Gottesname eine engere und zugleich weitere Bedeutung. Im Alten Testament, der Hebräischen Bibel, steht der »Name« für Gottes Gegenwart. Es genügte schließlich, vom »Namen« zu sprechen, ohne den Namen selbst zu nennen. Salomo soll dem »Namen« Gottes ein Haus bauen (2 Sam 7,13); Gottes »Name« »wohnt« an der von Gott erwählten Stätte (Dtn 12,5). Besonders die Psalmen preisen den »Namen des Herrn«. Der gute Hirte führt »auf rechter Straße um seines Namens willen«, weil er eben er ist. Im Spätjudentum wird »Name« sogar zu einer den eigentlichen Gottesnamen schützenden Umschreibung für Gott. Im Qaddisch, einem der zentralen Gebete des Judentums, heißt es dann: »Verherrlicht und geheiligt werde sein großer Name in der Welt, die er nach seinem Willen geschaffen hat«[8] – eine Vorform der Vaterunser-Bitte. Im Neuen Testament präzisiert sich der Name Gottes zum Namen Jesu: Es ist kein anderer »Name unter dem Himmel den Menschen gegeben, durch den wir sollen selig werden« (Apg 4,12). Ihm wird der Name zuteil, der »über alle Namen ist« (Phil 2,9). So sind spätes Judentum und frühes Christentum in der Tat »in einem zuvor nie gekannten Maße eine Religion des Namens Gottes bzw. des Namens Jesu«.[9]

Was heißt »heiligen«?

Während »das Heilige« und »die Heiligen« im Wortschatz des säkularen Menschen noch vorkommen können, ist »heiligen« / »geheiligt werden« eine eindeutig religiöse Angelegenheit. »Heiligen« heißt, etwas oder sich selbst der Gottheit zu eigen geben und es damit gegenüber der Alltagswelt abgrenzen. Das lateinische Wort »sancire« benennt die Markierung eines heiligen Bezirks, der vor dem, was vor dem Heiligtum, im »profanum«, vorgeht, geschützt werden soll.

Auf irgendeine Weise spielt »heiligen« wohl in allen Religionen eine Rolle. Meist geht es um kultische Praxis: Man kann den Namen einer Gottheit bzw. diese selbst »heiligen«, indem man sie verehrt durch Worte, Gesten oder Opfer. Hindu-Gottheiten wird durch rituelle Opfer oder durch »Chanten« gehuldigt. Man kann heilige Namen oder Silben ständig wiederholend oder auch schweigend denkend meditieren. Buddha kann – jedenfalls im Mahayana – ebenfalls durch Opfergaben oder Rezitation gewürdigt werden. Im Amida-Buddhismus übt man das »*nembutsu*« und diskutiert, ob die Formel »*namu Amida butsu*« (»Verehrung dem Buddha Amitabha«) unendlich oft gesprochen werden sollte oder ob es genügt, sie wenigstens einige Male (oder nur einmal!) von Herzen ausgesprochen zu haben. Der Islam kennt den »*dhikr*«, das vor allem von den Mystikern geübte »an Gott Gedenken«, das mit rhythmischer Meditation oder mit dem Atem verbunden sein kann. Derartige Heiligungs-Übungen berühren sich mit dem Jesus-Gebet der Athos-Mönche. Der Name Gottes soll in Anspruch genommen werden. In einem evangelischen Kirchenlied heißt es: »... das ist ein' gute Stunde, darin man sein gedenkt. Denn sonst verdirbt all' Zeit, die wir zubringen auf Erden (...).« Martin Luther hat die Heiligung des Gottesnamens dort gesehen, »wo das Wort Gottes lauter und rein gelehrt wird und wir auch heilig als die Kinder Gottes danach leben«.

Dem entspricht umgekehrt das Gebot, den Namen Gottes nicht zu missbrauchen, wie es im Dekalog vorgeschrieben ist

(Ex 20,7) und in den verschiedenen Religionen mehr oder weniger streng verstanden wird. Im Islam gilt bereits als Sakrileg, ein Koran-Exemplar unsachgemäß zu behandeln, von Karikaturen des Propheten Muhammad ganz abgesehen. Aber auch in den christlichen Ländern gab es noch lange »Gotteslästerungs-Paragraphen«.[10]

Heiligung ist natürlich auch eine Sache des außerkultischen Verhaltens. Man beachtet gewisse Tabu-Vorschriften, wie sie z.B. im Judentum und im Islam in bestimmten Speiseverboten vorliegen. Man befolgt die ethischen Verhaltensregeln, die eine jeweilige Religion vorsieht. Im Sinn der jüdischen und der christlichen Tradition besteht die Heiligung des Gottesnamens vorrangig darin, dass wir »Gott über alle Dinge fürchten, lieben und vertrauen« (Martin Luther im Kleinen Katechismus) und unseren »Nächsten lieben wie uns selbst«. Als moralische Qualität kann Heiligkeit dann auch philosophisch interpretiert werden. Kant versteht Heiligkeit als eine »dem moralischen Gesetz völlig angemessene Gesinnung«.[11]

Anschlussmöglichkeiten

Die Bitte »Geheiligt werde dein Name« bietet interreligiös nach vielen Seiten hin Anschlussmöglichkeiten. Es muss nicht der Name »Vater« sein, der hier in einem engen theistischen Verständnis zur Geltung kommt. Der Blick auf Religionen Asiens belehrt darüber, dass der Name des Höchsten, das Menschen wichtig sein kann, keine Aussage enthalten muss. Es genügt, sich auf den Laut, unter dem er genannt wird, zu konzentrieren. Nennbarkeit, Unbenennbarkeit und Allnennbarkeit gehen ineinander über. Deswegen kann es angemessener sein, nur einen Laut, nur eine Silbe für die Anrufung des Einen und Höchsten zu verwenden. Der Name dieses Höchsten und Letzten und Tiefsten steht einem Menschen nicht nur gegenüber, sondern er kann ihn umfangen und tragen. So mag Heiligung sich vollziehen, zumal sie weder in gesetzesfrommen Aktionismus noch in kultische Selbstverkrümmung führen muss.

Für Christinnen und Christen sammeln sich alle diese Anschlussmöglichkeiten in der Rede von Gott dem Vater, dem Grund meines und allen Daseins, von Jesus Christus, der Perspektive und Orientierung gibt, vom Heiligen Geist, der Vertrauen, Liebe und Hoffnung schafft. Diese Dreigestalt des Glaubens bewahrt zugleich vor einem theistisch enggeführten Gottesverständnis. Da sich Namen für Letzt-Relevantes gar nicht primär auf die Welt der Religionen beziehen müssen, ja gerade dafür sich nur begrenzt eignen, gibt es natürlich vielerlei Anschlussmöglichkeiten der Vaterunser-Bitte zum Bereich des Säkularen.

SÄKULARER UMGANG MIT BEDEUTENDEN NAMEN

Angst, auf den falschen Namen zu setzen

Viele Menschen mussten insbesondere im 20. Jahrhundert erfahren, dass sie auf den falschen Namen gesetzt hatten. Der Name Adolf Hitler, dem sie zugejubelt hatten, wurde zum Inbegriff von Verbrechen und Menschenverachtung. Auch die Namen Marx oder Lenin, die in manchen Zeitgenossen große Hoffnungen geweckt hatten, verbanden sich schließlich mit tiefen Enttäuschungen. Die Prozessionen zu Lenins Mausoleum an der Kreml-Mauer und zu seinem dort beigesetzten Leichnam erinnerten an religiöse Wallfahrten. Sie konterkarierten religiöse wie säkulare Verehrung bedeutender Persönlichkeiten. Enttäuschung mochte manche Zeitgenossen dazu bringen, sich keinem großen Namen mehr zu verschreiben oder nun gar nicht mehr danach zu fragen, welche Namen für sie oder für die Welt wichtig sein könnten. Nur Namen, die keinen Anspruch auf verbindliche Gefolgschaft stellten, die nicht »geheiligt« werden wollten, waren und sind nun noch in vieler Munde – die Namen von Stars im Sport oder im Show-Business.

Scharfsichtige Religionskritiker hatten schon früh bemerkt, dass die Autorität von Göttern und Göttinnen mit der Autorität zusammenhängt, die von Menschen ausgeht bzw. ihnen zuerkannt wird. Der Aufklärer Baron d'Holbach, noch unter dem Eindruck der Französischen Revolution, fand: »Ganze Völker haben den Gott ihrer Väter und ihrer Priester auf ein bloßes Wort hin angebetet: Autorität, Vertrauen, Unterwerfung und Gewohnheit ersetzten ihnen Überzeugung und Beweise (...).«[12] Staatliche und väterliche Autorität konnten offenbar auf verhängnisvolle Weise zusammenwirken. Der Kult war in der Lage, falsches Bewusstsein zu vermitteln und zu vertiefen. Das Ergebnis war eine Selbstentwertung des Menschen. Nietzsche rechnete die erzielte, ggf. mit Askese verbundene »Heiligkeit« dem »ganz eigentlich Unmenschlichen« zu.[13] So ließ er seinen Zarathustra sagen: »Für dich ist es eine Schmach zu beten!«[14] Gebet, so lautet das vernichtende Urteil der Religionskritik, untergräbt die Moral, hindert den Menschen daran, selbst aktiv zu werden. Mit »Trommeln« – um es frei mit den Worten von Bertolt Brechts Mutter Courage zu sagen – ist den bedrängten Menschen mehr gedient als mit dem Vaterunser. Auch Glaubende wissen, dass gerade religiös besetzte Namen eine gefährliche Attraktivität ausüben können. Insbesondere im protestantischen Christentum gibt es eine große Sensibilität gegenüber einer den Menschen gefährdenden Religiosität. Die Theologien Karl Barths oder Dietrich Bonhoeffers, aber bereits die der Reformatoren können das belegen. Schon das Alte Testament / die Hebräische Bibel warnt vor der Verehrung falscher, trügerischer Namen.

Sich mit Namen auseinandersetzen

Dadurch, dass wir etwas benennen, orientieren wir uns. Zugleich ordnen wir uns dem zu, was schon benannt ist – unserem Geburtsort, unseren Eltern, unserer Familie, unserem Beruf. Gegebenenfalls steht mein Name auf einem Buchrücken oder – wer weiß ab wann – auf meinem Grabstein. Der Namenswechsel bei der Eheschließung oder beim Eintritt in einen geistlichen Orden markiert eine elementare Veränderung. Ein falscher Name, eine Namensverwechslung desorientiert. Kennt man nur den Vornamen, wie es heute vielfach üblich ist, kann man den Partner im Telefonbuch oder im Internet nicht finden. Namensveränderungen können der Assimilation dienen (italienische Gastarbeiter, um die ich mich vor Jahrzehnten gekümmert habe, nannten mich Bartoli). Werden Namen durch staatliche Gewalt verändert wie im sogenannten »Dritten Reich«, als die Vornamen jüdischer Menschen zwangsweise mit »Israel« bzw. »Sara« ergänzt wurden, so dient das brutaler Ausgrenzung. Der Entzug des eigenen Namens und seine Ersetzung durch eine Nummer wie in den Konzentrationslagern der Nazis sind ein schwerer Eingriff in das eigene Lebensgefühl. Und schon die Antike kannte die »damnatio memoriae«: Ein bestimmter Name durfte nicht mehr genannt werden, die Erinnerung an diesen Namen sollte ausgemerzt werden. Manche der Pharaonen gaben sich große Mühe, den Namen eines Vorgängers auf Tempelfriesen herausmeißeln zu lassen.

Gegebenenfalls muss man um den eigenen Namen kämpfen. Er kann entehrt, missbraucht oder schlicht ignoriert werden. Jedenfalls hat man sich mit den Namen, die um einen her existieren, auseinanderzusetzen. Notgedrungen wird man dabei zwischen wichtigen und weniger wichtigen Namen unterscheiden. Welche Namen waren oder sind von Belang oder gar entscheidend für mein Leben? Ich kann sie mir ins Bewusstsein rufen, mir vergegenwärtigen. Wird ein Name genannt oder über ihn gesprochen, so wird sein Träger aus der

Abwesenheit oder aus der Vergangenheit gleichsam herbeizitiert. Lateinamerikanische Basisgemeinden erinnerten an ihre Märtyrer dadurch, dass sie im Sprechchor deren Namen nannten und jeweils anfügten: »presente«. Die Nennung eines Namens macht seinen Träger gegenwärtig. Man kann überlegen, inwiefern das auch für Gott zutrifft. Jürgen Werbick sieht einen tiefen Sinn der ersten Vaterunser-Bitte darin, dass »Gott *wirklich* wird in der Aufmerksamkeit, mit der Menschen sich Ihm zuwenden (...)«.[15] Zu den Namen, die einem im Alltag begegnen, mögen in unseren Breiten auch Namen wie Muhammad, Jesus, Buddha, Sokrates, oder, nicht als Begriff, sondern als Eigenname verstanden, »Gott« gehören. Wie verhalte ich mich zu ihnen, wie ist mit diesen Namen umzugehen?

Entscheidende Namen finden

Namen müssen irgendwie sortiert werden – das beginnt mit Firmen- und Markennamen beim Einkauf. Nicht alle Namen sind gleich wichtig. Es ist offenbar uns Menschen als Privileg geschenkt und als Aufgabe zugemutet, dass wir ignorieren oder beachten, auswählen und entscheiden. Innerhalb des Beachtenswerten wiederum gibt es eine Hierarchie. Unabhängig davon, ob Werte als selbstevident oder als subjektiv bedingte Projektionen angesehen werden: Unser Handeln wird sich an dem orientieren, was uns als »wertvoll« erscheint. Dies kann sich im Lauf eines Lebens oder angesichts bestimmter Umstände verändern, wird uns aber als Orientierungs-Aufgabe begleiten. Bert Brecht hat es auf die Formel gebracht: Zuerst kommt das Fressen, dann die Moral. Der humanistische Psychologe Abraham Maslow drückt das differenzierter aus: Nach der von ihm ermittelten Bedürfnispyramide hat der Mensch primär physiologische Bedürfnisse, darauf aufbauend das Bedürfnis nach Sicherheit, nach sozialen Beziehungen, individuelle Wünsche und schließlich die Hoffnung auf Selbstverwirklichung, was noch einen Ausblick auf Transzendenz einschließen kann. Das Matthäus-Evangelium dagegen konstatiert eine umgekehrte Reihenfolge: »Trachtet zuerst nach dem Reich Gottes und nach seiner Gerechtigkeit, so wird euch das (was ihr zum Leben braucht) alles zufallen« (Mt 6,33). Die Bedürfnisse können sich natürlich überlappen, verschieben oder erweitern. Jedenfalls aber werden Menschen intuitiv oder auch sehr reflektiert danach fragen, was sie brauchen und was ihnen daher wichtig sein muss. Sie werden sich dem zuordnen müssen, was sie umgibt, was ihnen an Werten angeboten wird. Der eigene Name kommt dabei in die Beziehung zu anderen Namen. Es macht einen Unterschied, ob und wie ich meinen Namen in Beziehung sehe zu Hitler oder Albert Schweitzer, zu Napoleon oder Franz von Assisi, zu Jesus, Konfuzius oder Buddha. Die Frage nach einem für mich entscheidenden Namen, nach einem »Absoluten« wird dabei im Hintergrund stehen. Welcher Name darf in meinem Leben den Anspruch erheben, gewürdigt, beachtet, »geheiligt« zu werden?

Geheiligt werde das Wesentliche

»Mensch, werde wesentlich«, hatte Johann Scheffler, später Angelus Silesius genannt, seinen Zeitgenossen nahegelegt. Er hatte seine eigenen Vorstellungen vom »Wesen, das besteht«.

Er fragte nach dem Bleibenden, nach der Ewigkeit: »Der wesentliche Mensch ist wie die Ewigkeit, die unverändert bleibt von aller Äußerheit.« Was heißt »wesentlich leben« heute? Die Wendung gibt es schon bei Meister Eckhart. Eins ist not, sagt Jesus. Maria, die zu Jesu Füßen sitzt, soll »wesentlich« leben, soll »leben lernen« (Übersetzung Kurt Flasch). Wie finden wir das Wesentliche heraus? Welchen Namen können wir ihm geben? Wie heiligen wir das Wesentliche? Wir heiligen es, indem wir es suchen! Ludwig Feuerbach schließt seine kritischen Erwägungen über das Christentum mit dem Hinweis, man brauche nur »den Lauf der Dinge zu unterbrechen«, um im Gewöhnlichen das Ungewöhnliche zu entdecken und ihm dann eine, wie er sagt, »religiöse Bedeutung abzugewinnen«. Die erste Vaterunser-Bitte ist die Einladung zu einer solchen Unterbrechung. In ihr artikuliert sich auch für den Nichtglaubenden der Wunsch, das Wesentliche zu erkennen, zu erfassen, es würdigen und entsprechend leben zu können. Als »wesentlich« könnte sich die Würde des eigenen Daseins erschließen, zusammen mit vielen seiner Implikationen. »Heilig« mag dann manches Selbstverständliche werden. Feuerbach formuliert es so: »Heilig sei uns darum das Brot, heilig der Wein, aber auch heilig das Wasser!«[16] Heilig wird uns dann die Würde des Menschen und darüber hinaus die der Schöpfung. Das »Prinzip Verantwortung« legt sich uns nahe (Hans Jonas). Wir beginnen, eine heilige Verantwortung für künftige Generationen, für die Menschenwürde, für uns selbst zu übernehmen. Geheiligt werde unser Name von uns selbst, auch mein Name von mir. Auch der Nichtglaubende kann in diesem Sinn die erste Vaterunser-Bitte nachvollziehen, ohne den »Klauen der Transzendenz« zu verfallen oder sich im »Treibsand der Immanenz« zu verlieren.[17]

OFFENER HORIZONT

Überforderung des eigenen Namens?

Der christliche Glaube schließt hier weitere Überlegungen an. Die erste Vaterunser-Bitte mag als Bittgebärde an das Leben verstanden werden. Kann es aber nicht eine Selbstüberforderung darstellen, das Wesentliche eigenständig suchen, finden und ihm entsprechen zu wollen? Glaubende ahnen, dass sie der Vaterunser-Bitte weder in deren säkularem noch in deren religiösem Verständnis gerecht werden können. Merkwürdig ist sie ohnehin: Muss man um die Heiligung von etwas bitten, das ohnehin heilig ist? Soll man Gott gleichsam für ihn selbst bitten, etwa darum, dass er für sich selbst sorgt? Offenbar reichen für einen sachgemäßen Umgang mit dem Gottesnamen menschliche Findigkeit und Aktivität nicht aus. Gott ist zwar ansprechbar mit Namen, aber hinter dem Namen, unter dem er ansprechbar ist, steht eine Wirklichkeit, die mit der Kenntnis des Namens noch nicht erfasst ist. Das schon bei der Anrede »unser Vater« aufgetauchte Problem, dass Gott nicht einfach zur Verfügung steht, meldet sich hier erneut. Im Übrigen ist – nebenbei bemerkt – die Wirklichkeit einer vollen menschlichen Persönlichkeit ebenfalls nicht erfasst, wenn man nur Namen und Titel kennt. Dionysius Areopagita, ein nur unter diesem Pseudonym bekannter Theologe des beginnenden 6. Jahrhunderts, schrieb ein Buch »Über die göttlichen Namen«. Er kam zu dem Ergebnis, dass Gott, der mit vielen, ja mit allen Namen genannt werden könne, zugleich »ohne Namen« sei: *anonymos*. Gott, der sich nach christlicher Überzeugung in der Botschaft und dem Geschick Jesu aus Nazareth zu erkennen gibt, bleibt zugleich »anonym«. Wechselt man die Perspektive und fragt nach der Fähigkeit der Menschen, sachgemäß zu benennen, so stößt man ebenfalls an eine Grenze. Sie hängt nicht nur mit der Beschränktheit menschlicher Rationalität zusammen. Franz von Assisi hat sie im Sonnengesang so formuliert: »Kein Mensch ist würdig, dich zu nennen.« So erscheint es denn höchst konsequent, dass die erste Vaterunser-Bitte sowohl im Griechischen wie im Aramäischen im sogenannten »Passivum divinum« formuliert ist: »Geheiligt werde dein Name« – von wem nämlich?

Gottes Selbstaktualisierung

Martin Luther hat in seinem Kleinen Katechismus interpretiert: »Gottes Name ist zwar an sich selbst heilig, aber wir bitten in diesem Gebet, dass er auch bei uns heilig werde.« »Heiligen« bedeutet in der Welt der Religionen: Gebote halten und Opfer bringen, im säkularen Zusammenhang: respektieren, Verantwortung übernehmen. Was bedeutet es im Sinn des christlichen Glaubens? Auch hier wird von Geboten, Opfer und Verantwortung die Rede sein. In der Bitte spricht sich die Sehnsucht aus, doch dem Heiligen, dem Höchsten und Letzten gerecht werden zu dürfen in Dankbarkeit und Engagement. Dennoch steht dies alles in einem anderen Horizont, nämlich in dem des Wesens und Wirkens Gottes, wie es sich trotz letzter Unbenennbarkeit den Menschen als tragend und umgreifend erschließen kann.

An dieser Stelle gerät Jesus, der das Vaterunser gelehrt hat, selbst in das Vaterunser hinein. Er hat »wesentlich«, seinem Wesen entsprechend, gelebt. Er ist mit seinem Versuch, den Namen Gottes zu heiligen, gescheitert. Er ist an dieser Bitte gestorben und begegnet doch als lebendig und inspirierend gegenwärtig. Darum erkennt die frühe Christenheit an ihm den Namen, »der über alle Namen« ist (Phil 2,9). Der Name des Entscheidenden, für den Menschen Wesentlichen, ist, vom Vaterunser aus gesehen, nicht etwas Größtes, Letztes, Absolutes, sondern »unser Vater«. Oder noch deutlicher, wie es in der Liturgie des christlichen Gottesdienstes heißt: Es ist der Name »des Vaters und des Sohnes« und »des heiligen Geistes«, in dessen Kraft wir das »abba, lieber Vater« rufen (Gal 4,6; Röm 8,15).

Die Würde des eigenen Namens erkennen

Namen für Neugeborene werden heute kaum noch nach programmatischen Gesichtspunkten ausgesucht. Das war im alten Israel anders. Viele der auf *-ja* endenden Namen sprechen von Gottes (Jahwes) Handeln. »Jesaja« heißt vermutlich »Der Herr hat Heil gegeben«, »Jeremia« »Der Herr hat erhöht«, »Sacharia« »Der Herr gedenkt / hat sich erinnert«. »Joel« meint »Der Herr ist Gott«. Im Mittelalter hat der Name eine Beziehung zu dem Heiligen hergestellt, an dessen Gedenktag das Neugeborene getauft wurde. Noch Vertreter der Studentenrevolution Ende der 60er Jahre des letzten Jahrhunderts hatten einen Sinn für das Programmatische eines Namens: So gab Rudi Dutschke, einer der Anführer der Studenten, seinem ältesten Sohn den Namen

Hosea. Auch meine Frau und ich haben unseren Kindern programmatische Namen gegeben – und sind darüber erschrocken: Würden die Kinder mit der für uns wichtigen Perspektive sich anfreunden können? In einem Fall haben wir einen bedeutungsvollen Namen nachträglich amtlich und gegen eine Gebühr durch ein blasses »Claudia« ergänzen lassen.

Die Verbindung von Namensgebung und Taufe spielt in diesem Zusammenhang eine wichtige Rolle. In der Taufe erhalte ich meinen Vornamen, meinen »Christian name«, wie »Vorname« auf Englisch heißt. Nun bin ich »Christ«, trage, wenn auch in abgeleiteter Form, den Namen Christi! Luther konnte das so interpretieren: Wir haben »die große unaussprechliche Ehre davon, dass wir nach eines solchen Gottes Namen genannt, darauf getauft und berufen sind, dass aus seinem Namen und unserm *ein* Name wird (...)«.[18]

Dies sind Gedankenspiele, die heute wohl nur noch von wenigen nachvollzogen werden können. Sie mögen aber den Anstoß dazu geben, sich neu für den eigenen Namen zu interessieren. Wer bin ich? Was habe ich mit anderen Trägern »meines« Namens zu tun? Warum wohl haben mir meine Eltern diesen und keinen anderen Namen gegeben? Wie stelle ich mich in einer Runde von mir Unbekannten vor? Wer bin ich – wer darf ich sein? Wie äußert es sich, dass ich mich einen Europäer, einen Christen /eine Christin, einen Menschen nenne? Wie lebe ich die Würde, die mir als Mensch, als Christ, als Single oder als Vater und Mutter zusteht? Von Papst Leo dem Großen, der im 5. Jahrhundert gelebt hat, ist die Aufforderung überliefert: »Mensch, erkenne deine Würde!« Auch dies ist eine Perspektive, die sich für den Nachdenkenden aus der ersten Vaterunser-Bitte ergeben kann.

Die Kunst des Würdigens

Wer die Würde des Menschseins im Blick auf sich selbst bejaht, wird sie seinem Mitmenschen nicht verweigern: »Sein Name werde geheiligt!« Das Italienische kennt als Bezeichnung für den Mitmenschen den Begriff »simile«: Er ist dir ähnlich, oder deutlicher, in der wohl auf Martin Buber zurückgehenden Formulierung: Er ist wie du. Die Menschenwürde gilt als unantastbar, obwohl sie massenhaft brutal angetastet und mit Füßen getreten wird. Gewürdigt, ja geheiligt werde der Name, das Dasein meines Mitmenschen: Das ist eine Bitte, ein Schrei. Was wäre das für eine Welt, in der ein Mensch den andern nicht ignoriert, instrumentalisiert und in seiner Bedeutung herabsetzt, sondern würdigt als den, der er ist! Es gilt, den andern zu würdigen – meiner Aufmerksamkeit, eines freundlichen Blicks, der Kommunikation mit mir. Die Vision einer Gesellschaft stellt sich ein, in der die Menschen einander zu würdigen verstehen, der Christ den Andersgläubigen und der Andersgläubige den Christen, der Religiöse den Atheisten und der Atheist den Religiösen. Christen und Anhänger anderer Religionen werden die Begründung dafür in ihrem Glauben finden, wenn sie diesen hoffentlich nicht zur Ausgrenzung und Herabwürdigung derjenigen nutzen, die anderer Ansicht sind. Glaubende wie Andersdenkende sehen sich herausgefordert zu klären und zu erläutern, worin sie die Würde der Menschen und schließlich der ganzen Schöpfung begründet sehen. In wessen Namen müssen mein Name und die Namen meiner Mitmenschen geschützt werden? Können unsere eigenen Namen dazu ausreichen? Die erste Vaterunser-Bitte gibt dazu einen Hinweis. Wie kann eine Kunst des einander Würdigens erblühen?

DEIN REICH KOMME – EIN PARADIES AUF ERDEN?

Von einem »Reich Gottes« zu reden hat viele Aspekte. Soll von einem bestimmten Herrschaftsbereich oder von einer spezifischen Ausübung von Herrschaft in diesem Bereich die Rede sein? Geht es um die Gegenwart oder um die Zukunft, um innerweltliche Zukunft oder um eine Erwartung, die über die irdische Welt hinausweist? Ist eine innere Haltung gemeint, wie sie in der Mystik sich nahelegt, oder gesellschaftliche Veränderung? Wird mystische Versenkung oder revolutionärer Kampf ins Auge gefasst? Schließlich: Wie und durch welche Mittel oder Instanzen soll das »Reich Gottes« herbeigeführt werden? Oder kommt es »von selbst«? Was würde das heißen?

Die Sehnsucht nach einem Reich des Guten, nach besseren Verhältnissen, nach einer strahlenden Zukunft, und liege sie außerhalb der irdischen Welt, gibt es in vielen Religionen. Im Judentum und im Christentum hat sie eine spezifische Ausformung gewonnen. Auch unter säkularen Menschen ist sie keineswegs gänzlich erloschen. Ein mir bekannter atheistischer Beerdigungsredner lädt am Ende einer Bestattung dazu ein, gemeinsam zu singen: »Am Brunnen vor dem Tore ...«, ein Lied der Sehnsucht.

»BEGEHRENSWERTES REICH«

Sphären des Göttlichen

Asiatische Religionen haben andere Zeit- und Raum-Vorstellungen als der Westen. Sie zielen daher von vornherein nicht auf einen idealen Zustand am Ende der Zeiten, da sie die Zukunft nicht begrenzt denken, sondern erwarten, dass sich alle Zeiten nach unendlich erscheinenden Abläufen wiederholen werden. Im Hinduismus regieren zudem die Götter und Göttinnen nicht nach dem Modell westlicher Herrscher; daher kann es ein etwa der biblischen Reich-Gottes-Vorstellung entsprechendes »Reich« nicht geben.

Eher hat man an einen Manifestationsraum von Gottheiten und Göttlichem zu denken, der dem einzelnen Gläubigen in mannigfachen Formen zur Verfügung steht. In diesem Sinn kann der einzelne Beter die Bitte äußern: »Von Bösem führe mich zum Guten, von Finsternis führe mich zum Licht!« oder »Aus dem Nichts führe mich zum Sein!«[1] Ein »Reich« des Seins, des Guten und des Lichts wird dabei vorausgesetzt, ohne dass man im westlichen Sinn ontologisch denken müsste. Man erhofft, durch entsprechendes Verhalten eine jeweils bessere Wiedergeburt zu erlangen und auf diese Weise einer endgültigen Befreiung näherzukommen. Im Neohinduismus haben sich – wohl unter westlichem Einfluss – zwei Varianten von Hoffnung auf das Kommende ausgebildet. Mahatma Gandhi hat im Zusammenhang seines Kampfs für die Unabhängigkeit Indiens ein Konzept entwickelt, das sich entfernt mit christlichen Reich-Gottes-Hoffnungen vergleichen lässt:

sarvodaja – »Wohlfahrt für alle«. Der Begriff dient heute, etwas abgeändert, zur Selbstbezeichnung einer Selbsthilfe-Organisation in Sri Lanka. Gandhi wusste um die Begrenztheit menschlicher Möglichkeiten, aber er fragte: Warum kann nicht »ein Gesetz siegen, das so groß ist wie die Wahrheit selbst? Wenn dieses große Gesetz universell befolgt wird, dann wird Gott auf Erden regieren, so wie er im Himmel regiert.« Die Erde und der Himmel sind »in uns«. »Wir kennen die Erde, aber der Himmel in uns ist uns fremd.«[2] Gandhi ging es weniger um die Zukunft als um konkrete Veränderungen in der Gegenwart. Einen anderen Ansatz bietet Sri Aurobindo Ghose, der mit Stufen einer Entwicklung der Psyche, des Bewusstseins, des Spirituellen zum »Supramentalen« rechnete. Er erhoffte eine spirituelle Weltgemeinschaft: »Dann wird der Mensch nicht sich selbst Gesetz sein, sondern er wird das Gesetz sein, das göttliche Gesetz (…). Sein Leben wird von dem Gesetz seiner eigenen göttlichen Natur bestimmt werden, die von dem Ich befreit ist.«[3] Er war der Meinung: »Die gesamte denkende Menschheit steht auf gemeinsamem Boden mit der Überzeugung, dass der Mensch ein Wesen ist, das der Selbstentwicklung und wenigstens einer gewissen Annäherung an einen idealen Standard der Vollendung fähig ist (…).«[4] Der Evolutionsgedanke verbindet sich hier mit hinduistischen Heilserwartungen. Leitidee ist dabei das Stichwort »Transformation«. Transformation, wie auch Christen sie für den Einzelnen und für die ganze Welt erhoffen.

Im Dialog mit dem Buddhismus hat man gelegentlich das Nirvana mit dem jüdisch-christlichen Verständnis des Gottesreichs verglichen. Der historische Buddha hat sich hinsichtlich einer Näherbestimmung des Nirvana zurückgehalten. Das könnte man als eine gewisse Parallele zur christlichen Haltung auffassen, da auch der historische Jesus nur in Gleichnissen vom Reich Gottes geredet hat. Allerdings wird »Reich Gottes« gewöhnlich in positiven, Nirvana eher in negierenden bzw. Negation und Position transzendierenden Begriffen umschrieben. Auch das Reine Land, nach shinbuddhistischer Vorstellung Vorstufe des Nirvana, könnte man zur Rede vom »Reich Gottes« in Beziehung setzen. Jedenfalls bleibt es zu undifferenziert, wenn man die buddhistische Heilshoffnung als nichtpersonal und die christliche als personal versteht. Es genügt nicht, das »Reich Gottes« als »Fülle des Lebens« dem Nirvana als einem »Erlöschen« gegenüberzustellen.[5] In beiden Fällen geht es um Symbole, die sich als dialektisch-komplementär interpretieren lassen. Paul Tillich bezeichnet »Nirvana« und »Reich Gottes« als »Telos-Formeln«[6], was jedoch nicht im vollen Sinn trifft, da der Buddhismus jedenfalls für die kosmischen Prozesse letztlich kein Telos kennt. Buddhistische Autoren haben gelegentlich zu Jesu Himmelreichs-Gleichnissen Stellung genommen. Thich Nhat Hanh versteht als den Boden für das Senfkorn das menschliche Bewusstsein, in dem der Same der Buddhanatur keimen und wachsen kann. Der Sauerteig des Himmelreichs durchsäuert das gesamte Bewusstsein. Mit dem Schatz im Acker müsse man Kontakt aufnehmen.[7] Der Dalai Lama leitet vom Senfkorn-Gleichnis ab, dass es verschiedene Stufen der Vervollkommnung gebe und dass der Mensch auch geistlich sich die Nahrung zuführen müsse, die für ihn passt[8] – woran sich zeigt, dass dem Oberhaupt des tibetischen Buddhismus die jesuanische Vorstellung von »Reich Gottes« doch sehr fremd ist. Noch deutlicher wird dies, wenn man bedenkt, wie sehr im Neuen Testament die Person Jesu und schließlich Auferstehung und Gericht mit dem Reich Gottes in Verbindung gebracht werden.

Allerdings gibt es dann auch wieder einen überraschenden Vergleichspunkt: Das Christentum erwartet den am Ende der Tage wiederkommenden Christus, während im Buddhismus von Buddha Maitreya gesprochen werden kann, der am Ende einer Weltzeit den *dharma* zu verstärkter Wirkung bringen wird. Michael von Brück und Whalen Lai interpretieren dies als die beiden Religionen gemeinsame »Hoffnung auf noch größere Wirkungen Gottes bzw. des *dharma*, die für die Zukunft erwartet werden«.[9]

Trotz der offensichtlichen Unterschiede wird das christliche Verständnis durch den hinduistischen und den buddhistischen Blick auf die zweite Vaterunser-Bitte erweitert: Das »Reich Gottes«, verstanden als Gottes »Königsherrschaft«, legt einseitig die theistische Vorstellung nahe, also ob dieses Reich von einer personal gedachten Instanz geleitet würde. Hindus und Buddhisten dagegen empfehlen apersonales Denken. Reich Gottes lässt sich allerdings auch aus christlicher Sicht als jenseits der Alternative von personalem und apersonalem Denken auffassen. Ebenso muss die Vorstellung korrigiert werden, bei dem Reich Gottes handle es sich um ein abgrenzbares, vielleicht auf Expansion bedachtes Gebiet. Es kann als Sphäre, als Dimension verstanden werden. Ebenso verändert sich die Zeit-Perspektive. Vom Neuen Testament her wird das Reich Gottes immer zwischen einem »noch nicht« und einem »schon jetzt« angesiedelt. Aus hinduistischer Sicht ist das Göttliche allgegenwärtig und kann jederzeit in Erscheinung treten. Der Mahayana-Buddhismus weiß um die in jedem Menschen bereit liegende Buddhaschaft, die freilich entdeckt und wahrgenommen sein will. Damit tritt der Zeitfaktor zurück, und das Problem einer »Naherwartung«, die sich im Gegensatz zu Jesu Ankündigung nicht erfüllt habe, löst sich nahezu von selbst. Latenz und Manifestation sind dann die neuen Koordinaten, ohne dass eine auf die Zeit bezogene Erwartung aufgehoben wäre.

Nicht von der Welt, doch in der Welt

Im Alten Testament / der Hebräischen Bibel hat die Vorstellung von einem Königtum eine lange und verwickelte Geschichte. Terminologisch gesehen, tritt der Begriff »Königsherrschaft Gottes« nur selten und erst spät auf. Zunächst ist Gott König über sein Volk, schließlich über alle Völker, was das historische Israel durch seine leidvolle Geschichte lernen muss. Zugleich aber ist er der Schöpfer und der Gott des Himmels und der Erde. Damit ist eine Spannung zwischen Universalismus und Partikularismus unverkennbar. Das gesellschaftlich-politische Scheitern Israels wird durch die Erwartung eines Messias und durch die vom Gläubigen geforderte Gesetzestreue religiös verarbeitet. Die politische Komponente macht sich je nach den Umständen mehr oder weniger bemerkbar. Nun gilt es, »das Joch der Königsherrschaft« Gottes auf sich zu nehmen. Man rezitiert das Sch^{e}ma »Höre, Israel! Der Herr ist unser Gott, der Herr ist einzig (...)« (Dtn 6,4ff.) und unterstellt sich dem Joch der Gebote. Gegenwärtig lebt der fromme Jude »in der Zeit der vormessianischen Phase des Reiches Gottes« (Clemens Thoma). Er betet dreimal am Tag im Achtzehngebet (11. Benediktion): »... sei König über uns eilends (...)«. Im Qaddisch, das in unterschiedlichen Varianten vorliegt, lautet seine Bitte, Gott »lasse sein Reich herrschen und seine Erlösung sprossen (...)«.[10] Es ist ein lebendiges Reich, ein Gebiet, in dem es grünt und blüht ...

Eine neue Wendung hat das Verständnis des Reiches Gottes für das nachexilische Judentum durch die Begegnung mit der iranisch-parsistischen Gedankenwelt bekommen. Dort wurde das Reich dem Gott Ahura Mazda zugesprochen, und es galt als »begehrenswert« und »ersehnt«. Es wird als »die sonnenhafte Machtsphäre« beschrieben.[11] Freilich steht es im Kampf mit der destruktiven Macht Angra Mainyus (Ahrimans) und dessen dämonischen Kräften. Das Reich Gottes wird damit zu einem von zwei einander widerstreitenden Prinzipien. Dem frühen Christentum und seinem jüdischen Umfeld ist dieses Denken nicht fremd. Der Zelotismus übersetzt diesen Ansatz ins Politische und kämpft ideologisch wie militärisch gegen das Böse, während man sich in Qumran darüber freut, dass nunmehr »die Herrschaft des Guten« über das Böse gekommen sei.[12] Das dualistische Denken engt eine universale Interpretation Gottes in gewisser Weise ein. Das Reich Gottes hat eine Grenze, die erweitert, eine Front, an der gekämpft werden muss. Eine verhängnisvolle Entwicklung nimmt ihren Anfang. Der Endsieg des Guten wird zwar erwartet, aber wer weiß, wann es so weit ist und wie das aussehen wird. Apokalyptische Bilder brechen sich Bahn und gewinnen ihre Anhänger, ob sie nun Chiliasten, die mit einem tausendjährigen Reich rechnen (vgl. Offb 20,3f.), Adventisten oder Zeugen Jehovas heißen.

Apokalyptische Züge mögen sich auch beim historischen Jesus finden. Gewiss standen für ihn alttestamentliche Heilserwartungen im Hintergrund: Auf dem Erwarteten wird der Geist des Herrn ruhen, der Geist der Weisheit und des Verstandes, und die Wölfe werden bei den Lämmern wohnen. Aber Jesu Vorstellung vom »Reich Gottes« wird wohl primär in seinen Gleichnissen deutlich. Sie bieten keine Definition, aber eine Vision dessen, wie Gottes Herrschaft aussehen wird und wie sie den Menschen nahekommt, ja nahegekommen ist: Im Reich Gottes geht es zu wie bei einem Gastmahl, wie bei einem Fest. Durch ihr Schicksal benachteiligte Menschen und solche, die ihr Leben selbst verkorkst haben, sind willkommen. Kranke und unter die Räder Geratene finden Heilung und Heimat. Das Reich Gottes ist das große Angebot zum Leben, das man aber auch verfehlen und verpassen kann. Das Angebot steht, die Saat wächst heran, der Schatz im Acker liegt bereit, die Perle ist auf dem Markt. Die Gottesherrschaft ist nicht innerhalb des zeitlichen Rahmens eingetroffen, in dem sie der historische Jesus wohl erwartet hat. Nach wie vor steht sie bevor, und man kann und soll ihr definitives Ankommen erbitten.

Eine späte Textvariante zur zweiten Vaterunser-Bitte im Lukas-Evangelium lautet: »Dein heiliger Geist komme auf uns und reinige uns.«[13] In der Tat kam statt der erhofften vollen Durchsetzung der Gottesherrschaft »der heilige Geist«, oder, wenn man so will, »die Kirche«. Der oft zitierte, ursprünglich positiv gemeinte Satz von Alfred Loisy »Jesus kündigte das Reich Gottes an, und es kam die Kirche« wurde von Protestanten häufig kritisch oder gar hämisch kommentiert. Was für ein Unterschied zwischen dem erwarteten Reich Gottes und der

Kirche! Aber das Reich Gottes kann präsent werden als ein – vordergründig gesehen – gescheitertes / scheiterndes Unternehmen. Gerade als solches wirkt es weiter als subversive Kraft in der sich von Gott abwendenden Menschheitsgeschichte.

In der Kirche bilden sich dazu zwei Grundmodelle heraus. Das eine orientiert sich an der falsch interpretierten, bei Lukas (17,21) überlieferten Aussage Jesu: Das Reich Gottes ist »inwendig in euch« (statt »mitten unter euch«). Nun wird es auf das innere Leben des Individuums bezogen; mystische Traditionen werden leitend. Man muss still werden und Gott wirken lassen. Die Vaterunser-Auslegung der Teresa von Ávila ist ein klassisches Beispiel dafür.[14] Das andere Modell bricht sich spätestens in der lateinamerikanischen Befreiungstheologie Bahn. Leonardo Boff: »Das Reich Gottes erfasst die Strukturen.«[15] Dabei können und sollen Menschen mithelfen.

Blickt man auf die Reich-Gottes-Erwartung, wie sie sich in der Hebräischen Bibel und im Judentum und dann im Neuen Testament unter Einschluss iranischer Einflüsse darstellt, so ergeben sich mehrere Fragen. Die dringendste ist vielleicht die nach dem Verhältnis von Gottes Reich und den Kräften, die ihm widerstreben. Nüchtern und realistisch stellt Leonardo Boff fest: »Das Teuflische herrscht, es kann Jesus töten und kreuzigt auch jetzt noch die vielen Menschen, die sich für das Reich des Friedens, der Brüderlichkeit und der Gerechtigkeit einsetzen.«[16] Ist das damit angesprochene Gegen-Reich letztlich eine auf eine bestimmte Zeit und auf klare Grenzen eingeschränkte rebellische Provinz des Reiches Gottes? Wie aber hat man sich dann die endgültige Durchsetzung der Gottesherrschaft vorzustellen? Das Christentum antwortet darauf anders als der Islam.

Im Kampf

Der Islam kennt keine Bitte um das Kommen des Reiches Gottes. Im Koran gibt es zwar eine eigene Sure mit der Überschrift »Die Königsherrschaft«, ein Begriff, der direkt dem im Judentum und im Neuen Testament gebrauchten Begriff entspricht (arabisch *mulk*, hebräisch *malkut*, griechisch *basileia tou theou*). Sie beginnt: »Gesegnet sei der, in dessen Hand die Königsherrschaft ist! Und Er hat Macht zu allen Dingen. (Er), der den Tod und das Leben erschaffen hat, um euch zu prüfen und festzustellen, wer von euch am besten handelt. Und Er ist mächtig und voller Vergebung« (Sure 67). Im Weiteren wird dann auf die Schöpfung und an das sie erhaltende Wirken Allahs verwiesen, wobei sich deutlich drohende Töne einmischen. Das Reich Gottes besteht also in der universalen Herrschaft Allahs. Sie ist völlig unstrittig. Die irdische Welt freilich ist aufgeteilt in das »Haus des Islam« (eigentlich »der Unterwerfung«, unter Allah) und das »Haus des Krieges«. Im Haus des Islam waltet Allahs Herrschaft, vor allem mithilfe der Sharia. Dem Haus des Krieges steht letztendlich irgendwann die Übernahme durch den Islam bevor. Als allgemeine Maxime gilt: »Der Islam herrscht, er wird nicht beherrscht.« Die Möglichkeit eines verlorenen Heiligen Krieges wird von den Rechtsgelehrten gar nicht erst bedacht. Jeder Muslim hat sich am Kampf zu beteiligen: »Und kämpft gegen sie, bis es keine Verführung mehr gibt und bis die Religion gänzlich nur noch Gott gehört« (Sure 8,29). Unter besonderen Umständen kann es in Friedenszeiten auch ein »Haus des Vertrags« geben. Wie z.B. Europa einzuordnen ist, bleibt unklar. Der Einsatz für Allah bzw. den Islam (*dschihad*) kann in geistlicher

Bemühung (dem »großen« *dschihad*) oder in militärischem Engagement (dem »kleinen« *dschihad*) bestehen. Man hat also nicht Gott um das Kommen seiner Herrschaft zu bitten, sondern selbst für ihre Durchsetzung zu kämpfen. So jedenfalls sehen es verschiedene Aussagen des Koran vor. Der Lohn für die Glaubenstreue besteht im Einzug ins Paradies, in die »Gärten der Wonne« (Sure 31,8). Dort gibt es in Fülle zu essen und zu trinken, sogar den auf Erden verbotenen Wein. »Paradiesjungfrauen« stehen bereit. Überboten werden die sinnlichen Genüsse durch Gottes Wohlgefallen (Sure 9,72).

Die im Koran immer wiederkehrende Warnung vor Gericht und Hölle durch den von Gott gesandten Propheten könnte ein Erbe aus dem damaligen Christentum sein. Nach einer späteren Quelle erinnerte sich Muhammad an einen christlichen Prediger, der vom Kamel herab predigte und vor dem Jüngsten Gericht warnte.[17] Die Qualen der Hölle werden an zahlreichen Stellen des Koran fantasiereich dargestellt. Auch in der Sure »Die Königsherrschaft« fehlt nicht der Hinweis auf »die Pein des Feuerbrands« und die aufwallende, brodelnde Hölle.

Sieht man von diesen mythologischen und gewiss auch symbolisch gemeinten Bildern ab, stellt sich im Blick auf eine Gottesherrschaft im Islam vor allem die Frage nach ihrer Verwirklichung. Kann Gottesherrschaft / Reich Gottes nur undialektisch als radikal theokratisch, ja totalitär verstanden werden? Auch andere Religionen haben totalitäre Züge, Judentum und (katholisches oder calvinistisches) Christentum deutlicher, die asiatischen Religionen eher unbestimmt. Oder führt die dialektische Konzeption Luthers weiter, der von zwei »Reichen«, besser: zwei »Regimenten« sprach: Im Reich der

Gnade regiert Gott durch Wort und Sakrament, im Reich irdischer Ordnungen durch Gesetz und letztlich durch »das Schwert«? Immerhin wird hier festgehalten: Gott allein ist es, der regiert, jedoch auf unterschiedliche und – oberflächlich gesehen – einander widersprechende Weisen.

Geht man der Wendung »Reich Gottes« und ihren möglichen Entsprechungen in den verschiedenen Religionen nach, so begegnet man einer Fülle von mythologischen Einkleidungen und offenen Fragen. Zeigt sich damit, dass es mit der Gedankenwelt des Vaterunsers im Europa des 21. Jahrhunderts eben doch endgültig vorbei ist? In gewisser Weise erweitert der Blick auf ein offenes, nicht fixierendes Verständnis einer göttlichen Sphäre in den asiatischen Religionen die vertraute christliche Konzeption. Aber zieht der historische und phänomenologische religiöse Kontext die zweite Vaterunser-Bitte nicht unweigerlich in eine vergangene und heute im Vergehen begriffene Gedankenwelt hinein? Wie kann ein säkularer Mensch die Wendung »Reich Gottes« würdigen? Kennt er Empfindungen oder gar Denkmodelle, die ihm erlauben, die Bitte um das Kommen des »Reiches Gottes« positiv aufzunehmen?

VERLORENES PARADIES

»morgen ...«

Seit menschliches Bewusstsein »morgen« denken kann, befasste es sich in irgendeiner Form mit Zukunft. Hilla Palm, die in Hugo verliebte Protagonistin in einem Roman von Ulla Hahn, räsoniert: »Bis morgen. Gibt es verheißungsvollere Wörter? Die so vieles offen lassen? Nährstoff für Träume. Grauenvolle und glückselige. Bis morgen, bis morgen, ich hüllte mich in die Silben wie in Hugos Pullover, bis morgen, bis morgen.«[18] Das »morgen« kaum erwarten können, das »morgen« fürchten. Offenbar ist die menschliche Seele ausgespannt weniger zwischen gestern und heute als zwischen heute und morgen.

Sie teilt damit die Geschichte alles Organischen. Alles organische Leben bezieht sich auf eine Zukunft, die seinen gegenwärtigen Zustand verändern wird. Tiere haben wohl ein intuitives Gefühl dafür; sie scheinen zu spüren, wann ihr Lebensende kommt. Manche richten sich dann darauf ein. Menschen können solche Wahrnehmungen verdrängen oder sich ihnen stellen. Das Lebensalter dürfte dabei eine wichtige Rolle spielen. Für den jungen Menschen ist das Morgen ein Raum, in dem er sich zu verwirklichen und Erfüllung zu finden hofft. Luise Rinser berichtet in ihrem nordkoreanischen Tagebuch, einer ihrer koreanischen Bekannten habe ihr einen Übernamen gegeben, der auf Deutsch heiße: »Frau ›Was-tun-wir-morgen?‹«[19] Der Stellenwert des »morgen« ist offensichtlich auch von der jeweiligen Kultur abhängig. Eine Kultur kann sich so wandeln, dass das »morgen« seine Bedeutung für den Einzelnen verliert. Ungebremster Narzissmus vermag dazu zu verführen, dass eine Gesellschaft sich kaum noch für die Zukunft interessiert und sich nicht mehr für sie verantwortlich fühlt. Doch kann dies auch ein Problem von Einzelnen sein, denen die Gegenwart so sehr mitspielt, dass sie den Blick nicht mehr auf eine für sie sinnvolle Zukunft zu richten fähig sind. Daneben gibt es immer auch andere, die ihre Fantasie nicht zügeln können und danach fragen, wo denn die Grenzen des Möglichen liegen. Jemand nannte sie »pregnant with possibilities« – diese Menschen gehen ständig mit allen möglichen Möglichkeiten schwanger. Heidegger hat das so ausgedrückt: Zukunft sei eine »Kunft, in der das Dasein in seinem eigenen Seinkönnen auf *sich* zukommt«.[20] Er wandte sich auch gegen die einseitige Vorstellung, dass Zeit »vergeht«. Man müsse umgekehrt auch sagen: Die Zeit »entsteht«.[21] Sie kommt! Freilich, mit ihrem Kommen kommt auch ihr Vergehen. Hin geht die Zeit, her kommt der Tod ...

In den 70er Jahren des vorigen Jahrhunderts hing in nicht wenigen Buden von Theologie-Studierenden an die Wand gepinnt der Spruch: »Es gibt ein Leben vor dem Tod.« Man kolportierte den Kalauer: Ein Kind betet vor dem Einschlafen: »›Lieber Gott, mach mich fromm, dass ich zu dir in'n Himmel komm‹« und ergänzt dann: »Aber nicht so schnell.« In Nietzsches Sprache und auf Erwachsene übertragen: »... wir wollen auch gar nicht in's Himmelreich (...).« Als »Männer« wollen wir das »Erdenreich«.[22]

Hier konnte das so genannte »Dritte Reich« anknüpfen. Die Reichsmetaphorik war mit religiösem Pathos besetzt, das man psychologisch, vor allem massenpsychologisch, nutzen konnte. Mancher »deutschchristliche« Protestant wird mit Inbrunst die letzte Zeile aus Martin Luthers Lied »Ein feste Burg ist unser Gott« gesungen haben: »... das Reich muss uns doch bleiben.« Auch der Marxismus verschmähte den Terminus »Reich« nicht: Hier sollte es um das »Reich der Freiheit« gehen. Der Marxismus war nicht blind gegenüber dem »Reich der Notwendigkeit«. Aber: »Jenseits desselben beginnt die menschliche Kraftentwicklung, die sich als Selbstzweck gilt, das wahre Reich der Freiheit, das aber nur auf jenem Reich der Notwendigkeit als seiner Basis aufblühen kann.«[23] Die Überwindung des privaten Eigentums an Produktionsmitteln ist dabei wesentliche Voraussetzung. Sogar von einem »Jenseits« ist hier die Rede, eine Ahnung von der Jenseitigkeit eines wahren Reichs der Freiheit. Hans-Joachim Kraus hat in seinem Grundriss Systematischer Theologie den Begriff positiv aufgenommen: »Reich Gottes: Reich der Freiheit«.[24] Ludwig Marcuse sekundiert: »Das Denken im Widerspruch muss dem Bestehenden gegenüber negativer und utopischer werden.«[25] Und Ludwig Wittgenstein weiß: »Der Sinn der Welt muss außerhalb ihrer liegen. In der Welt ist alles wie es ist und geschieht alles wie es geschieht; es gibt *in* ihr keinen Wert – und wenn es ihn gibt, so hätte er keinen Wert.«[26]

Inzwischen scheint diese Ahnung verflogen zu sein. Die Hoffnung auf ein Reich der Freiheit, einen Sinn »außerhalb«, reduziert sich auf einen Zustand des in der Gegenwart Erträglichen, etwa die »freiheitlich demokratische Grundordnung« oder einen effektiveren Einsatz von OSZE und UNO. Dies ist wahrlich nicht zu verachten. Aber es stellt eine unnötige Selbstbeschneidung menschlichen Hoffens dar. Im individuellen Bereich liegen die Dinge nicht besser. Die »Lebenszufriedenheit« der Menschen wird statistisch erhoben und, wenn möglich, ökonomisch gesteigert. Sie hängt freilich auch davon ab, inwieweit die kapitalistische Werbung ein Mangelgefühl an Lebenszufriedenheit auszulösen vermag. Erwünscht ist der momentane »Flow«, den man mithilfe von sinnlicher Befriedigung herbeiführen kann. »Glückstraining« legt sich nahe, »Selbstoptimierung« könnte hilfreich sein. All das lässt sich zusammenfassen in einem säkularen Konzept von »gutem Leben«. Gutes Leben hat mit Gesundheit, Perspektive und Glück zu tun. Glück aber will Ewigkeit. Was heißt Glück oder gutes Leben angesichts des Todes?[27] »Alles, was sein wird«, meint Jürgen Moltmann, werde »einmal nicht mehr sein«. Insofern könne man nur von »zukünftiger Vergänglichkeit« sprechen.[28]

Ende der Zukunft?

Auch der säkulare Mensch wird zugeben, dass die Rede von einem »Reich Gottes«, wie auch immer sie zu beurteilen ist, einen weiteren Horizont bietet als die säkulare Zukunftserwartung. Er müsste sich nicht blenden lassen durch die fantasievollen Bilder, die von den Religionen – einschließlich des Christentums – für den »Himmel« werben sollen. Paradiese, wie Dante eines geschildert hat, oder Himmelssphären, wie Fra Angelico und andere sie gemalt haben, gibt es nicht. Die Hoffnung auf ein Reich Gottes mag in illusionären Fantasien geschwelgt haben; sie deswegen aber aufzugeben wäre ein Verlust für die Menschheit. Dies gilt bereits für den Verlust des Fortschrittsglaubens, so sehr er sich als ambivalent erwiesen hat. Hier klafft eine Leerstelle. Erstaunliche Fortschritte werden zwar gemacht, aber ihnen fehlt eine Gesamtperspektive. Die »großen Erzählungen« der Weltreligionen über die Herkunft der Welt sind, wie man hört, nicht mehr zumutbar. Es fehlt aber auch an den großen Visionen für die Zukunft. Friede, Gerechtigkeit, Bewahrung der Schöpfung, Profilierung und Einhaltung der Menschenrechte können genannt werden. Die Tatsache, wie schlecht es um ihre Verwirklichung steht, zeigt jedoch, dass es hier Einsatz braucht – und die Bitte um Einsatz, die Bitte an einzelne Menschen, Gruppen, Parteien, Ethnien, an die Menschheit. Die Bitte um das Kommen einer guten Zukunft scheint durchaus nicht abwegig.

ZUKUNFTSBEWUSST LEBEN

»Alles Gute!«

Viele Ratgeber esoterischer, buddhistischer oder auch psychologischer Natur empfehlen, »gegenwärtig« zu sein. Manche Menschen tendieren dazu, vor den Herausforderungen der Gegenwart in die Vergangenheit zu fliehen. Andere flüchten sich in eine spielerisch erträumte Zukunft. Man kann um eine andere Vergangenheit als die, die man eben hat, nicht bitten. Man kann nur bestenfalls aus ihr Konsequenzen ziehen, ihre Folgen ertragen und versuchen, so mit ihnen umzugehen, dass sie eine gute Zukunft nicht blockieren. Um die Zukunft meint man nicht bitten zu müssen – sie kommt sozusagen von selbst. Tag reiht sich an Tag, wenn auch die eigenen Tage gezählt sein mögen, was man sich aber letztlich nicht vorstellen kann. Das Vaterunser belässt es angesichts von Tod und Bestattung nicht bei romantischen Gefühlen und Erinnerungen an den oben schon genannten »Brunnen vor dem Tore«. Es speist einen nicht ab mit dem Rauschen: »Du fändest Ruhe dort.« Es ist ein Unruhe-Gebet, es hetzt auf gegen Elend und Tod.

Lässt sich die zweite Vaterunser-Bitte übertragen in den Wunsch nach einer guten Zukunft für einen selbst, die nächsten Angehörigen, die Menschheit? Jedenfalls ermuntert sie dazu, den Wunsch hochkommen zu lassen, verbunden sogar mit einer Prise Hoffnung. Die Zukunft »kommt« zwar ohnehin, so oder so. Aber indem wir ihr wünschend und bittend begegnen, wagen wir, unserer Sehnsucht freien Lauf zu lassen, es möge eine gute Zukunft sein. Der Psychologe Viktor

E. Frankl findet: »Dem Menschen ist es nun einmal eigen, nur unter dem Gesichtswinkel einer Zukunft, also irgendwie sub specie aeternitatis, eigentlich existieren zu können. Zu diesem Gesichtspunkt der Zukunft nimmt er daher in schwierigsten Augenblicken seines Daseins auch immer wieder Zuflucht. Oft mag dies in Form eines Tricks geschehen.«[29] Frankl sagt das in seinem Bericht darüber, wie er das Konzentrationslager Buchenwald überleben konnte. Die Hoffnung auf Zukunft – ein vielfach bewährter »Lebenstrick«! Doch kann man ihn nicht einfach bei Bedarf anwenden. In den Obdachlosen-Interviews des Projekts »Winterreise« äußert einer der Befragten, man sage immer: Die Hoffnung stirbt zuletzt. Ihm sei sie gestorben, »aber ich war noch da«. Darum ist die Sehnsucht nach Hoffnung, die Bitte um eine mindestens erträgliche Zukunft überlebenswichtig. Nur: Was heißt »erträgliche« oder »gute« Zukunft? »Mit dem Guten meinen wir das, was noch nicht da ist, sondern was sein soll.«[30] Wir wünschen einander »alles Gute«, können es nur vage näher bestimmen und wissen nur, dass es »noch nicht da ist«. Was »alles Gute« wäre, sprengt unsere Vorstellungen. »Alles Gute« möge kommen: Diese Hoffnung kleidet das Vaterunser in die Bitte »Dein Reich komme«.

Zu bitten führt uns an unsere Grenzen. Mir fällt es schon schwer, jemanden nur nach dem Weg zu fragen. Bitten heißt eingestehen, dass man allein nicht klar kommt. Man weiß etwas nicht, hat etwas nicht, was wissen oder haben zu sollen man meint. Wir möchten aber selber agieren, um es zu erreichen, und fürchten, das Bitten und Sich-Befragen könnte uns nur aufhalten. Im Bitten überschreitet man den eigenen Dunstkreis. Wir setzen uns nicht gern der Enttäuschung aus, vielleicht abgelehnt oder als merkwürdig eingeschätzt zu werden. Doch zu bitten könnte sich lohnen. Es klopft an die Grenzen des Möglichen. Es kann sich auswachsen zum Umgang mit dem Unmöglichen. Die Situation ist offen! Das auszuhalten fällt uns offensichtlich schwer. Wir suchen für alles eine Begründung. Sogar im Buddhismus wird argumentiert: »Wahrlich, es gibt ein Ungeborenes, Ungewordenes, Ungeschaffenes, Ungeformtes. Wenn es dieses Ungeborene, Ungewordene, Ungeschaffene, Ungeformte nicht gäbe, dann wäre ein Entrinnen aus der Welt des Geborenen, des Gewordenen, des Geschaffenen und des Geformten nicht möglich.«[31] Der Atheist würde antworten: Ein solches »Entrinnen« ist eben tatsächlich nicht möglich. Die Vaterunser-Bitte argumentiert nicht. Sie hält es für möglich, dass aus welchen Gründen auch immer die Situation sich öffnet, dass eine Lösung kommt, das Gute sich einstellt. Sie legt nicht fest, wie die Lösung aussehen muss. Es genügt ihr nicht, fromm mit Schleiermacher zu sagen: »Mitten in der Endlichkeit eins werden mit dem Unendlichen und ewig sein in einem Augenblick.«[32] Jörg Lauster nimmt Schleiermachers Gedanken auf: »Es ist Gott selbst, der sich im Bewusstsein der Menschen vergegenwärtigt. Im Glück erfährt der Mensch das Leben von einem Sinn getragen, den er ihm selbst nicht beilegen kann- und auch gar nicht muss.«[33] Glücksgefühl hin oder her: Die Bitte um das Kommen des Reiches Gottes meint mehr. Sie hält Ausschau nach dem ganz Anderen, Glück und Unglück Transzendierenden, nach dem radikal Neuen, alles Verwandelnden, nach dem »Siehe – alles neu!« (Offb 21,5).

Muss man, um eine solche Ausschau zu wagen, religiös sein, einer Kirche angehören? Nicht unbedingt. Aber es kostet eine gewisse Überwindung, sich zum Bitten um das Kommen des Unmöglichen einladen zu lassen.

Handeln »als ob«

Immer wieder hat es Menschen nicht genügt, nach dem Reich Gottes »auszuschauen«. Ungeduldige Christen meinten, sein definitives Kommen datieren zu können. Religiöse Gemeinschaften sammelten sich um charismatische Führergestalten, die sich ganz dem Warten und Heraufbeschwören des Gottesreichs verschrieben hatten. Auch bei Jesus aus Nazareth mag etwas von dieser Ungeduld zu spüren gewesen sein. Vom Reich Gottes muss doch wenigstens in einzelnen Momenten, bei einzelnen Menschen etwas wahrzunehmen sein. Wenigstens bei einzelnen Begnadeten, vermutet der katholische Religionsphilosoph Romano Guardini, könnte das Reich Gottes schon zu Lebzeiten zum Ziel gekommen sein; er denkt an Heilige wie Franz von Assisi.

Aber die christliche Tradition geht davon aus, dass das Reich Gottes »nicht anders da« ist als, »indem es kommt«.[34] Das ist ein Angebot, die Spannung zwischen dem, was »da«, und dem, was »nicht da« ist, auszuhalten und kreativ zu gestalten. Damit gewinnt die Zeit eine neue Qualität: Sie wird zum Raum, in dem die mögliche bessere Welt ankommen kann. Zeit wird nicht einfach hingenommen, man lässt sie nicht einfach »vergehen«. Sondern sie ist erfüllt von einem gespannten, aktiven Warten, insofern »erfüllte« Zeit. Wie es ein »aktives Zuhören« gibt, kann »aktives Warten« in eine Hoffnung umschlagen, die für das Kommende die Augen öffnet und den ganzen Menschen in Bewegung setzt.

Dabei geht es nicht darum, irgendwelche fantastischen Träume zu realisieren. Beim aktiven Warten fällt der Blick erst einmal auf die Gegenwart. Der Warteraum selbst muss erhalten, gepflegt, geordnet werden. Das gilt auch für den privaten Bereich. Ich kann mir eine Struktur schaffen, die mich davor bewahrt, im Alltag unterzugehen. Sie mag in einem bestimmten Tagesrhythmus bestehen und auf dem Meditationskissen oder sonst in einer stillen Ecke ihre Konkretisierung finden. Einer Gemeinschaft anzugehören wird dabei hilfreich sein. In der ökumenischen Bewegung haben sich die – oben schon genannten – Schlagworte herausgebildet: Bewahrung der Schöpfung, Engagement für sauberes Wasser und gegen Plastiktüten, für Tierschutz und gegen die Vermehrung der Treibhausgase etc. All das dient der Vorbereitung des Kommenden. Auch derjenige, dem das Symbol »Reich Gottes« fern ist, wird das verstehen. Friede – schöpferischer Friede braucht vielerlei Vorarbeiten. Konfliktforschung im Blick auf den individuellen Bereich und auf internationale Auseinandersetzungen wird dem Kommenden dienlich sein. Gerechtigkeit – Bemühungen um hilfreiche Strukturen und um Gerechtigkeit zwischen Völkern, Klassen, Kontinenten lassen etwas ahnen von einer möglichen besseren Zukunft. »Immer wenn sich soziale Strukturen in der Gesellschaft durchsetzen, die den Menschen daran hindern, den anderen Menschen auszubeuten, und die das Herr-Knecht-Verhältnis überwinden und die zu größerer Symmetrie führen, dann beginnt die Morgenröte des Reiches Gottes anzubrechen.« Leonardo Boff fährt fort: »Ein gutes Leben in der Welt antizipiert, beschleunigt, ja verwirklicht schon das Reich Gottes in der Geschichte.«[35]

Wer die Hoffnung, die in den Religionen und auf eine spezifische Weise im Christentum lebt, nicht teilen kann, wird von der »Morgenröte des Reiches Gottes« nichts wissen wollen. Aber auch er kann die Schubkraft verstehen, die eine Realutopie auszulösen vermag. So handeln dürfen wie Jesus aus Nazareth – sollte das nicht auch für den religionskritischen Humanisten eine ihn befriedigende Devise sein? Es geht um den Versuch, so zu handeln, »als sei Gottes neue Welt bereits Realität (...)«.[36]

Den Christen könnte dabei eine besondere Aufgabe zufallen. Sie sind in einer Vielzahl von Kirchen, Konfessionen und Denominationen organisiert, die teilweise miteinander konkurrieren und von denen sich einige in der Vergangenheit bis aufs Blut bekämpft haben. Sie könnten zeigen, wie Streit beigelegt wird und wie man in eine Verfassung kommt, in der man trotz unterschiedlicher, ja einander widersprechender Überzeugungen versöhnt und konstruktiv miteinander lebt. Das Modell der innerchristlichen Ökumene könnte für das Miteinander unterschiedlicher Religionen und Weltanschauungen Schule machen. Die säkulare Gesellschaft sollte dies einfordern und sich dementsprechend selbst zu ordnen versuchen.

Die Bitte »Dein Reich komme« verbindet alle Menschen, die an einer besseren Zukunft arbeiten, ob sie die religiöse Metaphorik schätzen oder nicht. Alle dürfen sich mitgemeint sehen, die eine bessere Welt für möglich halten und sich für sie engagieren. Auch Christen haben nur vage Vorstellungen davon, wie das Kommen des Reiches Gottes aussehen könnte. Aber sie halten sich für Überraschungen offen. Sie haben sogar die Möglichkeit, sich dazu lyrisch auszudrücken, so, wie z.B. Paul Gerhardt. Sie erwarten das Reich, »da Fried und Freude lacht ...«[37]

DEIN WILLE GESCHEHE – WESSEN WILLE?

Mit dem Willen hat es seine eigene Bewandtnis. Gibt es ihn überhaupt? Im chinesischen Kulturraum, so lese ich, kennt man kein eigenes Wort für »Wille«. Auch in den semitischen Sprachen und besonders im Hebräischen spielt das Wort so gut wie keine Rolle. Das hebräische »*'bh*« wurde, wenn überhaupt, meist negativ gebraucht: »etwas nicht wollen, ablehnen«. Natürlich hat sich die Psychologie für den »Willen« interessiert. Angesichts von Erkenntnissen der Neurowissenschaften diskutiert man über die Problematik der »Willensfreiheit«. Schon als anthropologischer Begriff ist »Wille« somit höchst umstritten. Um wieviel mehr dann auch religionswissenschaftlich und theologisch: Die Wendung »Wille Gottes« kann in einer Reihe von Religionen gar nicht gedacht und ausgesprochen werden.

RELIGIÖSE VORSTELLUNGEN

Die asiatische Variante: Apersonale Gesetzmäßigkeiten

Hier sind zunächst hinduistische Traditionen zu nennen. Nach den Vorstellungen des Veda wird die kosmische Ordnung durch das Opfer erhalten, das nicht an einzelne Gottheiten adressiert sein muss. In seinem Vollzug repräsentiert und erhält es den Weltlauf.[1] Der Ritus als solcher erweist sich als die »Macht der Wahrheit«.[2] Diese manifestiert sich im *dharma*, der ewig gültigen »Seins-und Sollensordnung« (Gustav Mensching). Die Regeln des Verhaltens, die sich oft auf die Unterscheidung von »rein« und »unrein« beziehen, sind in eigenen Sammlungen zu finden und müssen vor allem von den Brahmanen beachtet werden. Der Hinduismus, sofern man ihn in der Gesamtheit seiner verschiedenen Traditionen sieht, versteht sich als *sanatana dharma,* als die »ewige Religion«. Wer ihr angehört, weiß, was zu tun und zu lassen ist. Nicht eine Gottheit verkündet Gesetze, die einzuhalten sind. Hinter dem ethischen Verhalten des Gläubigen steht nicht ein dezidierter »Wille Gottes«. Was »geschehen« soll, ist seit alters festgelegt. Auch in theistisch orientierten Strömungen steht nicht das Machtwort eines Gottes im Vordergrund. Der auf eine personal gedachte Gottheit bezogene *bhakti*-Gläubige wendet sich in mystischer Versenkung liebend seinem Gott zu. In den Upanishaden wird gerade nicht frommer Aktionismus propagiert, sondern letztlich das absichtslose Handeln. In der Bhagavadgita heißt es: »Vollziehe du die vorgeschriebene Tat! Handeln ist wahrlich besser als Nicht-Handeln (...).« Aber: »Wer das Anhaften an den Früchten des Handelns losgelassen hat, also genügsam und nicht abhängig ist, der handelt in Wahrheit gar nicht, auch wenn er in Tätigkeit zu sein scheint.« «Zufrieden mit dem, was ihm zufällt, die Gegensätze hinter sich lassend, neidlos, gleichmütig bei Erfolg und Versagen, wird er nicht karmisch gebunden, selbst wenn er handelt.«[3] Nun hat das *karma*, das Festgelegt-Sein durch die Kette der Konditionierungen, keine Kraft mehr. Der Weg zur Befreiung öffnet sich.

Die damit anvisierte Haltung berührt sich mit dem Konzept des *wu wei* aus dem Daoismus: »Verweile bei allem, was du tust, im Nichttun, und es wird Ordnung herrschen.«[4] Abgewiesen wird dabei nicht das Handeln als solches, sondern ein Handeln »gegen den Lauf der Dinge«, »gegen den Strich«. Woher der Lauf der Dinge, die Ordnung kommt, bleibt offen.

Der Buddhismus geht insofern über die Sicht des Hinduismus hinaus, als er nicht nur auf die Vorstellung eines gebietenden Gottes, sondern auch auf die eines gehorchenden Menschen verzichtet. Er kennt kein »Ich«, das wie die Einzelseele *atman* der Beziehung zur Allseele *brahman* zugeordnet sein könnte. Dagegen ist alles durch alles bedingt. Ausgangspunkt ist nicht ein Gebot, sondern eine Erfahrung: das Leid und dessen Bedingtheit durch das menschliche Anhaften und den Lebensdurst. Sie müssen beseitigt werden, wenn es ein Entrinnen aus den karmischen Zusammenhängen geben soll. Dieses ist möglich durch die Befolgung des Achtfachen Pfads. Als Orientierung kennen Buddhisten die Tugenden, als Motivationsquelle die Meditation und als Ziel die Einswerdung des Bewusstseins und die Unabhängigkeit vom empirischen Ich.[5]

Natürlich impliziert dies Verhaltensregeln, die sich aber nicht als heteronome Gebote verstehen lassen, sondern als Notwendigkeiten, die sich aus der faktischen Situation des Menschen ergeben, wenn er denn das Leid überwinden will. Thich Nhat Hanh spricht daher von den »Fünf Wunderbaren Richtlinien«.[6] Buddhistische Ethik ist weniger von einem klaren »Imperativ« bestimmt (Michael von Brück) als von Einsicht und Übung.

Zwischen christlichem, buddhistischem und mit hinduistischem Ethos gibt es vielerlei Berührungspunkte. Hindus versuchen *ahimsa*, Gewaltlosigkeit, zu realisieren; Buddhisten bemühen sich, Achtsamkeit, *maitri*, Güte, und *karuna*, heilende Zuwendung zu allen Lebewesen, zu üben. Können Christen den »Willen Gottes« in diesem Sinne entpersonalisiert verstehen? Verliert er etwas von seiner Dringlichkeit, zumal es doch auch in den asiatischen Traditionen die »Goldene Regel« gibt? Hinduistisch: »Man sollte sich gegenüber anderen nicht in einer Weise benehmen, die für einen selbst unangenehm ist; das ist das Wesen der Moral.« Buddhistisch: »Ein Zustand, der nicht angenehm oder erfreulich für mich ist, soll es auch nicht für den anderen sein; und ein Zustand, der nicht angenehm oder erfreulich für mich ist, wie kann ich ihn einem anderen zumuten.« Konfuzianisch: »Was du selbst nicht wünschst, das tue auch nicht anderen Menschen an.«[7]

Der abrahamitische Ansatz: Personale Autorität

Auch die monotheistisch orientierten Religionen kennen die weisheitlich gestimmte »Goldene Regel«, ohne sie heteronom begründen zu müssen. Das Christentum fasst sie darüber hinaus nicht nur in ihrer negativen, sondern in ihrer positiven Form: »Alles nun, was ihr wollt, dass euch die Leute tun sollen, das tut ihnen auch!« (Mt 7,12; Lk 6,31). Matthäus fügt allerdings sogleich an: »Das ist das Gesetz und die Propheten.« Die Wendung »der Wille Gottes« taucht so im Alten Testament / der Hebräischen Bibel nicht auf. Aber Gottes Wille ist gleichwohl klar formuliert – in der Thora, im Dekalog, in Beispielgeschichten. »Gott der Herr gebot ...«; so schon auf den ersten Seiten der Bibel (Gen 3,16). Abraham wird zum großen Vorbild des Gehorsams gegenüber Gott, der ihn durch eine absurde Herausforderung »versucht« (Gen 22,1ff.). Bund und Gesetz gehören zusammen: »Heute gebietet dir der Ewige, dein Gott, diese Satzungen und Rechtsverpflichtungen zu erfüllen, indem du sie beobachtest und tust mit deinem ganzen Herzen und deiner ganzen Kraft« (Dtn 26,16f.). Rabbinische Theologie präzisiert: Gottes Gebot soll so genau wie irgend möglich erfüllt werden; es umfasst den ganzen Menschen und seine gesamte Zeit: »613 Vorschriften sind Mose geoffenbart worden, 365 Verbote, entsprechend den Tagen des Sonnenjahres, und 248 Gebote, entsprechend den Gliedern des Menschen.«[8] Gottes Anspruch wird nicht einfach als Last empfunden; das Judentum kennt ein eigenes Fest der »Freude am Gesetz«. Was Gott will, ist das, woran er Wohlgefallen hat. Erst spät wandelt sich der hebräische Begriff für »Wohlgefallen« (*rason*, Ps 40,9; 143,10) zu »Wille«. Besonders in Qumran war man bemüht, den »Willen Gottes« zu erfüllen. In der weiteren Entwicklung, vor allem nach der Aufklärung, verbindet sich der Wille Gottes mit dem Gedanken der Pflicht; die Brücke zu Kant ist damit geschlagen. Israel ist bewegt von einer »Sehnsucht nach dem Rechten«

(Martin Buber). »Auf sittlichem Gebiet soll jeder ein Genie sein.«[9]

Vor diesem Hintergrund ist die dritte Vaterunser-Bitte zu sehen. An ihr fällt zunächst die Wendung »wie im Himmel, so auf Erden« auf. Soll sie einfach die Gesamtheit von Himmel und Erde ansprechen, oder ist gemeint, dass der Wille Gottes zwar im Himmel, nicht aber auf der Erde geschieht? Eine dritte Möglichkeit, diese Wendung zu verstehen, wäre: Gottes Wille vollzieht sich auf Erden anders als im Himmel, nämlich verborgen, undurchschaubar. Dann würde die Bitte dem Anliegen gelten, dass Gottes Wille sich sichtbar und spürbar und für alle Menschen erfassbar durchsetzen möge. Im Lukas-Evangelium fehlt diese Bitte. Heißt das, dass sie dort bewusst weggelassen wurde, oder wurde sie bei Matthäus – in Erinnerung an Jesu »Kampf in Gethsemane« – erst eingefügt? Jedenfalls wurde sie in der Geschichte des Christentums weitgehend von der Gethsemane-Szene her interpretiert. Dies war höchst einseitig. Wille Gottes wurde als das verstanden, was es passiv zu ertragen und auszuhalten gilt. Jesu »Speise« aber ist es, dass er aktiv den »Willen dessen« *tut*, der ihn gesandt hat (Joh 4,34). Der Wille des »Vaters« ist es, »dass, wer den Sohn sieht und glaubt an ihn, das ewige Leben habe (...)« (Joh 6,40). Wer »den Willen dessen« tun will, der Jesus gesandt hat, wird »innewerden«, ob Jesu Lehre von Gott ist oder nicht (Joh 7,17). Wer »Gottes Willen tut«, der ist Jesu Bruder, Schwester und Mutter (Mk 3,35). Gottes Wille hat ein Ziel, nämlich »dass allen Menschen geholfen werde und sie zur Erkenntnis der Wahrheit kommen« (1 Tim 2,4). Nun ist zu »prüfen«, was Gottes Wille ist, nämlich »das Gute und Wohlgefällige und Vollkommene« (Röm 12,2). Der Glaubende soll sich dem

Willen Gottes anvertrauen und sagen: »Wenn der Herr will ...« (Jak 4,15), die »conditio Iacobaea«, eine Wendung, die im muslimischen »*insch' Allah*« wiederkehrt. Beide Linien sind im Neuen Testament deutlich ausgeprägt, sowohl das passive Hinnehmen als auch das aktive Tun des Willens Gottes. Worin der Wille Gottes, der sich auf Erden durchsetzen soll, besteht, wird nicht primär an einem Gesetz, auch nicht am Liebesgebot deutlich, sondern an der Sendung Jesu und damit an der Nachfolge, die sich wesentlich in der Liebe verwirklicht.

Die Christentumsgeschichte hat beide Linien ernst zu nehmen und auch zusammenzuführen versucht. Bei den Asketen der Alten Kirche und dann im Mittalalter wurde zunächst der Wille des Menschen im Gegensatz zum Willen Gottes gesehen. Wer seinen eigenen Willen überwindet, der kann von sich behaupten, dass er mit Gott »über die Mauer« springe. Der Mensch entferne sich umso mehr von Gottes Willen, je mehr er seinem eigenen Willen folge; Eigenwille – das sei gleichbedeutend mit Hölle, heißt es in der auch von Luther geschätzten »Theologia deutsch«. Freundlicher lauten andere mystische Stimmen: Der Wille gibt sich in der mystischen Einung gefangen und hat nur die eine Angst, »wieder in seine Freiheit zurückkehren zu müssen«.[10] Franz von Sales berichtet von der Erfahrung: »... dann will man selbst nicht mehr, sondern lässt Gott für uns wollen.«[11] Hier kann sich die Dialektik breitmachen: Wahre Freiheit realisiert sich in der Bindung; wirkliche Freiheit gibt es nur hinter Klostermauern. Luther setzt den Akzent anders: Ich solle »bereit sein zum Sterben, bereit, jede Gestalt des Lebens zu bejahen, die der Töpfer dem Gefäß meines Lebens geben will«.[12] Letztlich komme es nur auf eines an: »Hören, hören heißt es, da ist unseres Herrgotts Wille rein und fein getan.«[13] Damit bahnt sich aber zugleich die Wendung zum aktiven Tun des Gotteswillens an, das für den Reformator zunächst in der gewissenhaften Erfüllung von Berufs- und Familienpflichten besteht. Evangelische Auslegung ist dieser Spur gefolgt, bis sie sich bei Dorothee Sölle radikalisiert zum Protest gegen politische Apathie und privatisiertes Gebet: »Raketen und kasernen / sind nicht von gott gemacht / den frieden zu erlernen / hat er uns zugedacht ...«[14] Die lateinamerikanische Theologie der Befreiung fasst die Bitte um das Geschehen des Willens Gottes vollends aktiv auf: »Wir glauben, dass Gott die Liebe ist. Und die Liebe schuf (und schafft weiterhin) die Welt durch die Evolution.« Der durch seine Gespräche mit den Bauern von Solentiname bekannt gewordene Ernesto Cardenal hat keine Schwierigkeiten, Evolution und Revolution zusammenzudenken: »... Wir können auch sagen, die Evolution geschieht in Sprüngen. Der Mensch ist sich heute dieser Sprünge bewusst und versucht sie zu lenken, und das sind die Revolutionen. Revolution ist das gleiche wie Evolution, aber beschleunigt und gelenkt vom Menschen.«[15]

Im Islam bittet man nicht eigentlich um die Durchsetzung des Willens Gottes – man bewundert ihn vielmehr: »Sprich: O Gott, der Du über die Königsherrschaft verfügst, (...) Du verleihst Macht, wem Du willst, und Du erniedrigst, wen Du willst. In Deiner Hand liegt das Gute. Du hast Macht zu allen Dingen. Du lässt die Nacht in den Tag übergehen, und Du lässt den Tag in die Nacht übergehen. Du bringst das Lebendige aus dem Toten, und Du bringst das Tote aus dem Lebendigen hervor (...)« (Sure 21,26f.). Allahs Wille ist im Gesetz niedergelegt, das den Muslim in jedweder Hinsicht und Situation bestimmt. Ihm hat er sich zu ergeben, zu unterwerfen (*islam*). An ihm orientiert sich die muslimische Gemeinschaft; sie ist es zugleich, die Gottes Willen als staatliches Gesetz durchzusetzen hat. Die Rechtsgelehrten erarbeiten je nach Rechtsschule, worin im Einzelfall der Wille Allahs besteht. Dabei wird genau differenziert zwischen dem, was geboten, empfohlen, erlaubt, verpönt oder verboten ist.[16] Gott besteht zwar auf der Durchsetzung seines Willens; andererseits nimmt er Rücksicht auf die Schwäche der Menschen und ist barmherzig. Die *sharia* – ursprünglich der »Weg zur Tränke« – ist flexibel, was aber auch ein Moment der Unklarheit mit sich bringt. Schon zu Lebzeiten Muhammads sind manche koranischen Bestimmungen außer Kraft gesetzt (»abrogiert«) worden. So erklärt sich, dass der Wille Allahs höchst salafistisch-konservativ oder eher zeitgemäß-modern interpretiert werden kann. Dies spiegelt sich auch in der Darstellung des »Gesetzes« in den Nachschlagewerken.[17] Der fromme Muslim hofft jedoch auf Gottes »Rechtleitung« (Sure 20, 123). Insofern ist Hans Küng Recht zu geben, wenn er sagt, der Islam sei nicht eine Gesetzesreligion, sondern eine »Religion des Ethos«.[18] Annemarie Schimmel, die große Kennerin des mystischen Islam, hat eine Sammlung von islamischen Gebeten veröffentlicht unter dem Titel »Dein Wille geschehe«.[19]

Das Theodizee-Problem

Vergleichsweise wenig beschäftigt die Gläubigen, die ihre Religion praktizieren, eine Frage, die im säkularen Westen weithin der Selbstlegitimation des Atheismus gedient hat:

das Theodizee-Problem. In den asiatischen Traditionen kann dazu ohnehin nur geschwiegen oder allenfalls der Lauf der Dinge verantwortlich gemacht werden. Im Hinduismus gibt der Hinweis auf das *karma* eine gewisse Antwort: Leid und Übel erklären sich durch Böses, das auf dem Weg über die Reinkarnation fortwirkt. Im Buddhismus werden Leid und Übel auf den Lebensdurst und die ihm entsprechenden Taten zurückgeführt. Wichtig ist in beiden Religionen nicht, woher das Übel kommt, sondern wie man der Verkettung in ihm entkommt. Nicht wo der verletzende Pfeil abgeschossen wurde, ist von Interesse, lehrt der Buddha, sondern wie man ihn los wird und wie die Wunde heilen kann. Der Islam verweigert zum Theodizee-Problem klar jede Antwort: Allah »wird nicht zur Verantwortung gezogen für das, was Er tut; sie aber« – die Menschen – »werden zur Verantwortung gezogen« (Sure 21,23). Daneben begegnet gleichwohl die Erwartung, dass Böses, das man zu erleiden hat, der Läuterung dienen kann. Dann gebraucht Gott eine »List«. Das Alte Testament / die Hebräische Bibel hat keine grundsätzlichen Schwierigkeiten, Gott und das Böse zusammenzudenken, wenngleich vor allem in den nachexilischen Texten schlimmes Ergehen als Folge von Fehlverhalten dargestellt wird. Wieso gerade der Gottlose Glück erleben darf, bleibt ein Rätsel. Auch Christen haben keine rational befriedigende Lösung für das Theodizee-Problem. Übergroßes Leid kann ihnen ihre Gottesvorstellungen zerstören, aber im Blick auf den leidenden und sterbenden Jesus aus Nazareth öffnet sich ihnen eine Sinnperspektive, die sie mit Vertrauen, Hoffnung und Liebe erfüllt.

SÄKULARE NÜCHTERNHEIT

Ohne Gott

Die Skepsis gegenüber dem Glauben, es gebe einen Gott, hat sich schon in der Antike am Theodizeeproblem festgemacht. Bekannt ist die Argumentation Epikurs: »Entweder Gott will die Übel beseitigen, aber er kann es nicht, oder Gott kann es, aber er will es nicht, oder Gott will es nicht und kann es nicht, oder Gott will es und kann es. Wenn Gott es will, aber nicht kann, ist er nicht allmächtig; wenn er es kann, aber nicht will, ist er nicht allgütig; wenn er es nicht kann und nicht will, ist er weder allmächtig noch allgütig; wenn er es aber will und kann – warum nimmt er die Übel nicht fort?«[20] Geht man nicht von der Existenz eines Gottes oder von Gottheiten aus, die das Geschick der Welt regieren, welche Möglichkeiten gibt es dann, Leid zu interpretieren und vor allem: es zu ertragen? Die Stoa hat – sozusagen mit dem Blick auf den Sternenhimmel – vorgeschlagen, mit einem System von Sphären und Kräften zu rechnen, die den Weltlauf bestimmen. Der einzelne Mensch hat seinen Ort inmitten dieses Geschehens anzunehmen und sich entsprechend zu verhalten. »Trachte nicht darnach, dass das Geschehende geschehe, wie du willst, sondern wolle das Geschehende, wie es geschieht, und du wirst wohl fahren.«[21] So nämlich werde der Mensch die innere Ruhe und Harmonie erlangen. Diese Antwort vermag nach Auschwitz nicht mehr zu überzeugen. Ist nunmehr die Abschaffung des Gottesglaubens, ein »Atheismus ad maiorem Dei gloriam« (Odo Marquard), gefordert? Gerade jüdische Autoren verweisen auf einen anderen Weg: Nicht nach Gott, sondern nach der Verantwortung des Menschen sei im Blick auf Auschwitz zu fragen. Darf man die Frage nach Gott aber übergehen, oder hütet nicht gerade die Theodizeefrage »die Dimension des je größeren Gottes, der sich allen Projektionen des Menschen widersetzt«?[22] Weil das so sein könnte, stellen Atheisten sie auch gar nicht mehr. Sie geraten hier nicht in Erklärungsnot. Sie gehen von vornherein davon aus, dass die Naturgewalten sich nach eigenen Gesetzen vollziehen. Der Materialist betrachtet die Natur »als ein sich selbst organisierendes Gefüge« und kann sie deshalb als »›wundervoll‹« empfinden.[23] Die Evolution geht ihren Gang. Wieso allerdings der Mensch als ihr Störenfried auftreten kann, mag sich zwar naturwissenschaftlich erklären lassen, wird aber wohl nicht wirklich befriedigend zu beantworten sein. Selbstverständlich fragen auch Materialisten nach einer sachgemäßen Moral. Sie konzentrieren sich dabei aber auf den beim Menschen zu beobachtenden Altruismus. Schließlich sei »kooperatives und auf Gegenseitigkeit beruhendes Verhalten schon zu einer Zeit entstanden, in der noch niemand an Gott glaubte«.[24]

Der atheistische Vorwurf

Mag also die Auseinandersetzung um die Existenz Gottes für den Atheisten erledigt sein – aktuell bleibt für ihn der Vorwurf gegenüber den Gottesgläubigen, sie behinderten den Menschen an der Entfaltung seines Lebens. Niemand hat das bisher radikaler ausgesprochen als Friedrich Nietzsche. Unter der Voraussetzung, dass der Wille Gottes unbedingt erfüllt werden muss, sei es der Gottesglaube, der das »schlechte Gewissen« erfunden hat. Das Gesetz »des christlichen Gottes, als des Maximal-Gottes, der bisher erreicht worden ist«, habe auch das »Maximum an Schuldgefühl auf Erden« hervorgebracht. Nun bleibe der »Instinkt der Freiheit«, in Nietzsches Sprache: »der Wille zur Macht« auf der Strecke; »Selbstkreuzigung und Selbstschändung des Menschen« werden zur Devise des Handelns. Hier kann Atheismus Abhilfe schaffen. »Atheismus und eine Art zweiter Unschuld gehören zu einander.«[25] Der Therapeut Tilmann Moser hat das, was Nietzsche beschreibt, als die Leidensgeschichte seiner Kindheit erfahren. In wütendem Ton klagt er Gott an: »Ich habe dir so schreckliche Opfer gebracht an Fröhlichkeit, Freude an mir und anderen (...)«. »Weil du ein ewiger Nörgler an mir warst, wurde ich zum Nörgler an den anderen.« »Du bist ein Geschöpf des Missbrauchs menschlicher Gefühle.« »Dich überstanden zu haben, gibt mir Seltsbewusstsein; (...) meine Augen lernen sehen, seit du mir nicht mehr den Horizont verdunkelst.«[26] Der heutige Atheist fühlt sich durch solche Erfahrungen kaum noch belastet. Er ist sich seiner humanistisch orientierten Moralität bewusst. Im Alltag nimmt er ohnehin kaum Unterschiede im Verhalten von religiösen und religiös desinteressierten Menschen wahr. Seine Moral ist vernünftig und nicht überspannt. Er ist »good without God«.[27]

Verständnisbereiter Atheismus

Eherne Notwendigkeiten sind nicht zu umgehen. Das beginnt mit den psychosomatischen und soziokulturellen Voraussetzungen der eigenen Existenz.

»Wie an dem Tag, der dich der Welt verliehen,
Die Sonne stand zum Gruße der Planeten,
Bist alsobald und fort und fort gediehen
Nach dem Gesetz, wonach du angetreten.
So musst du sein, dir kannst du nicht entfliehen,
So sagten schon Sibyllen, so Propheten;
Und keine Zeit und keine Macht zerstückelt
Geprägte Form, die lebend sich entwickelt.«

Was Goethe als »Urwort orphisch« beschrieben hat, wird dem Menschen heute von medizinischer und insbesondere neurologischer Forschung nahegelegt. Er muss jedoch irgendwie damit umgehen. Er kann sich nicht einfach seiner »Entwicklung« überlassen. Er muss sich verhalten, entscheiden, handeln. Er braucht Orientierung, und er benötigt die Kraft, nach Orientierung zu fragen und sich an sie zu halten. Joachim Kahl plädiert für das »Gentleman-Ideal – ein humanistisches Persönlichkeitsideal für unsere Zeit (...)«.[28] Ob es den großen globalen Herausforderungen der Gegenwart gewachsen sein kann, darf bezweifelt werden. Deutlicher ist da wohl doch der Ruf (Peter Sloterdijk): »Du musst dein Leben ändern!« Aber gerade derjenige, der das versucht oder vielleicht gar noch die Welt ändern möchte, wird merken, wie begrenzt seine Wirkungsmöglichkeiten sind. Vielleicht möchte er manchmal aufschreien, aber er weiß nicht, zu wem.

WAS GESCHEHEN MUSS

Planvoll

Die Religionen sehen hinter dem Weltgeschehen und dem persönlichen Ergehen der Menschen ein Konzept. Die hinduistischen, buddhistischen und daoistischen Traditionen sprechen von unpersönlichen Gesetzmäßigkeiten, der Islam vom Willen Allahs, Judentum und Christentum von einer Art »Heilsgeschichte«. Die Religionen können das Böse nicht aus der Welt schaffen, ja nicht einmal erklären. Aber sie können die Hoffnung aufrechterhalten. Heinz Zahrnt berichtet von einer jüdischen Erzählung aus der Nachkriegszeit: Im litauischen Wilna hätten sich gelehrte Rabbinen versammelt, um über Gott Gericht zu sitzen: Wie habe er den Holocaust zulassen können! »Sie debattierten die ganze Nacht hindurch. Schließlich, gegen Morgen, gelangen sie zu dem Urteil, dass Gott am Leid der Juden schuldig sei – und sie verurteilen ihn. Als der Morgen graut, schaut einer von ihnen zum Fenster hinaus und sagt: ›Die Sonne geht auf – es ist Zeit zum Gebet.‹«[29]

Viele Menschen können religiösen Anschauungen nicht folgen, aber sie entziehen sich nicht den Aufgaben, vor die sie sich gestellt sehen. Das Leben stellt Forderungen allen, die das Leben in der Gegenwart und in der Zukunft bejahen. Der jüdische Philosoph Hans Jonas hat aus dieser Einsicht das »Prinzip Verantwortung« abgeleitet, auch ohne es metaphysisch begründen zu wollen oder zu können. Wenn die Menschheit überleben soll, muss etwas geschehen. Der Weltrat der Kirchen hat es auf die Formel »Gerechtigkeit, Friede und Bewahrung der Schöpfung« gebracht. Auch Nichtchristen können sich an diesem Prozess tatkräftig beteiligen. Die Menschenrechte sind formuliert und proklamiert, wenn auch an einer weiteren Präzisierung und vor allem an ihrer weltweiten Umsetzung gearbeitet werden muss. Es steht zu hoffen, dass nicht fundamentalistische Gruppierungen oder ganze Religionen sich dem Anspruch der Menschenrechts-Erklärungen entziehen werden. Der Dialog der Religionen, die ökumenische Bewegung, das Projekt Weltethos, zahlreiche NGO's, die weltweit operieren, sind an der Arbeit, damit das Notwendige geschieht. Selbstlose Menschen engagieren sich unter Lebensgefahr für eine bessere Welt.

Dem Herzen folgen

»Es geschehe ...« – mit dieser feierlichen Formulierung, die nicht dem Alltag angehört, verbinden sich Hoffnungen. Sie kann uns aber auch Angst machen. Da ist »ein wildes Gewoge von Wille und Unwille, von Freiwilligkeit und Widerwilligkeit, von Willensstärke und Willensschwäche«.[30] Gibt es den »Willen« überhaupt oder ist er ein »sprachliches und kulturelles Konstrukt« (Wolfgang Achtner)? Was lenkt meinen Willen? Der Neurologe wird an bestimmte Mechanismen denken. Der Psychologe mag antworten: Hier offenbart sich mein »wahres Selbst«. Ist es das Dao, der Weg, der sich verbirgt, aber immer gegenwärtig ist? »Der Mensch wird des Weges geführt, den er wählt«, lautet ein jüdisches Sprichwort. Folge deinem Herzen, aber nimm dein Hirn mit, riet der österreichische Psychologe Alfred Adler. Das Herz kann sich verlaufen, blenden und betören lassen. Aber es darf zusammen mit dem Hirn dabei sein, wenn ich den guten Weg gehe. Ich bin dabei mit allem, was mich ausmacht, was ich gut kann, mit allen meinen Erfahrungen, Kenntnissen und Talenten.

Auf Jesu Spuren

Wer den Spuren Jesu zu folgen versucht, weiß – oder lernt –, mit offenen und auch unklaren Situationen zu leben. Er bäumt sich nicht auf gegen die Gesetze des Lebens, in die er sich gestellt sieht. Aber er ergreift die Möglichkeiten, Gutes zu tun, wo es ihm möglich ist. Er lässt sich vom Islam inspirieren, alle seine moralische Kapazität zu nutzen und in seine Umwelt einzubringen. Er kann im Blick auf hinduistische und buddhistische Traditionen sich frei machen von der Vorstellung, dass ein dezidierter, sozusagen persönlicher, dem Menschen analoger Wille alles Geschehen lenkt. Im Vertrauen, wie es Jesus erfüllt hat, darf ich als Glaubender davon ausgehen, dass, was geschehen muss, in einem guten Zusammenhang steht. In diesen Zusammenhang kann ich mich mit meinen Wünschen und meinem Tun und Lassen einklinken. In Gebet und Meditation schlage ich mich auf die Seite des Guten; das ist die Funktion dessen, was man traditionell als Fürbitte bezeichnet. Sie greift nicht mechanistisch in irgendwelche Abläufe ein, aber sie stellt die Verbindung her zwischen dem, was mich belastet und schmerzt, und dem, was geschehen muss, auch wenn ich es nicht als gut und sinnvoll zu erkennen vermag. Sie mobilisiert zugleich meine Fantasie und meine eigenen Energien dazu, in bestimmten Grenzen konkret tätig zu werden.

Der Glaubende weiß, dass er dabei hinter seinen Möglichkeiten zurückbleibt, und übernimmt die Verantwortung dafür, dass er trotz allen guten Willens durch seine Bemühungen sogar Böses auslösen kann. Trotzdem gilt Albert Schweitzers Devise: »Wo du bist, soll, soviel an dir ist, Erlösung sein, Erlösung von dem Elend, das der in sich entzweite Wille zum Leben in die Welt gebracht hat, Erlösung, wie sie nur der wissende Mensch bringen kann.«[31]

Jesus löst die Probleme nicht, aber er gibt den Mut, sich ihnen zu stellen, und, wenn sie sich nicht beseitigen lassen, sie auszuhalten. Mich hat beeindruckt, was der Schriftsteller Erwin Strittmatter, ein erklärter Atheist, in seinem Tagebuch berichtet. Mitten in den Notizen über seinen DDR-Alltag taucht eine Bemerkung über einen »Zuspruch von innen« auf: »(Im Auto.) Kurz vor Berlin sagt's in mir: Du musst Vertrauen haben zum Leben, Vertrauen vor allem zu deinem Leben. Du bist bestimmt, ein Werk zu vollbringen, das niemand vollbringen kann als du (...).« Ihm wird klar, worauf es jetzt ankommt: »Ausharren, ausharren, ausharren (...).«[32] Einige Monate später: Er habe »des öfteren mit einer Art Wissenschaftlichkeit« zu ergründen versucht, was es mit dem Beten auf sich habe; es handle sich offenbar »um ein Sich-Hinwenden zur letzten Ursache aller Erscheinungen«. Angesichts einer qualvollen Nierenstein-Kolik erinnert er sich an das, was »die alten Christen BETEN nannten«. Er habe es dann damit versucht. »Ich erflehte nichts, ich demütigte mich nicht (wie es im Christenvokabular genannt wird). Ich ließ mich einfach fallen, gab meinen Willen auf, ignorierte ihn«, bis das »Gerüttel« nicht mehr zu spüren war. »Ich verfolgte, ohne das mindeste Gefühl von Christlichkeit, eine Verhaltensart, die dem Nazarener an einer bestimmten Stelle seines (erfundenen oder stattgehabten) Lebens nachgesagt wird: Aber nicht wie ich will, sondern wie du willst, Herr, o.ä.« Strittmatter übersetzt das sogleich in seine Sicht und Erfahrung der Welt. »BEI MIR HEISST DAS SO: Wenn's eine Wahrheit und ein Gesetz ist, dass jeder Mensch, der hienieden erscheint, seine bestimmte Arbeit zu tun hat, so muss das auch für mich gelten (...).«[33] Die Schmerzen ließen nach: »Die innere Haltung, die sich mir anempfahl, beginnt, sich als richtig zu erweisen.« Die Haltung, die den Schriftsteller an Jesu Haltung im Garten Gethsemane erinnert hat, konnte ihm helfen, ohne dass er deswegen zum gläubigen Christen werden musste. Irgendwie hat sich das Vertrauen Jesu auf ihn übertragen.

Offenbar kommt es darauf an, die Bitte »Dein Wille geschehe« in die eigene Welt zu übersetzen. Was könnte ein »höherer Wille«, ein Geschehen, dem ich mich beugen muss, für mich bedeuten? Was will dieses Geschehen in mir auslösen – in mir mit meinen spezifischen Grenzen und Gaben? Was muss oder kann nun von mir aus geschehen? Die oft zitierten Zeilen mögen mir dabei einfallen: »Gott gebe mir die Gelassenheit, Dinge hinzunehmen, die ich nicht ändern kann, den Mut, Dinge zu ändern, die ich ändern kann, und die Weisheit, das eine vom anderen zu unterscheiden.« Vielleicht kommen mir bei diesen Fragen Menschen in den Blick, die in ähnlichen Schwierigkeiten stecken wie ich. Ob es sich nahelegen könnte, sich mit ihnen zu verbünden und mit ihnen zusammen das Unabänderliche zu ertragen und das, was sich ändern lässt, tatkräftig anzupacken? Es könnten Christen, Buddhisten und Muslime, Areligiöse und Atheisten sein, die Menschen »guten Willens«, von denen (nach einer falschen

Übersetzung) in der Weihnachtsgeschichte die Rede ist. Von einer deutschen Großstadt habe ich gehört, es gebe dort eine »Tafel« für Bedürftige, die von einer atheistisch orientierten humanistischen Gruppe und einer christlichen Gemeinde gemeinsam betrieben wird. Dort geschieht »Gottes Wille«, ohne dass man das, was dort geschieht, auch so bezeichnen müsste. Über dem gemeinsamen Engagement der Menschen »guten Willens« könnten sich die Selbstevidenz des Guten und die Tragfähigkeit bodenlosen Vertrauens zeigen. Nicht weit wäre dann die Entdeckung, was »Gottes Wille«, was meine Bestimmung ist: mein Leben, meine Freiheit, meine Zuversicht.

UNSER BROT – TÄGLICH HEUTE?

Mit der vierten Bitte scheint sich im Text des Vaterunsers ein Umbruch zu vollziehen, vom Du zum Wir, von Gottes Belangen zu unseren menschlichen Bedürfnissen. Sollte damit gemeint sein, dass es sich dabei um zwei Seiten derselben Medaille handelt? Kommt Gottes Name, Reich und Wille zum Ziel, wenn wir Menschen Brot haben, Vergebung finden, nicht in Versuchung geraten und vom Bösen frei werden? Sollte es eine vergleichbare Entsprechung auch in der Gebetsauffassung anderer Religionen geben? Wie könnte eine derartige Entsprechung für areligiöse Menschen aussehen? Bleibt ihnen nur die zweite Hälfte des Vaterunsers oder bedürfen auch sie eines Umfangen-Seins ihrer Sehnsucht? Wir und Du, Du und Wir: Das Vaterunser vermeidet die erste Person Singular, meint also gerade nicht das hochreligiöse »Gott und ich«. Es gibt keinen Menschen, der isoliert, nur für sich beten könnte. Immer betet jemand mit mir, ob mir das bewusst ist oder nicht. Immer beten unendlich viele Menschen zur gleichen Zeit, Hindus, Juden, Muslime Christen, meditieren gemeinsam Buddhisten und Mystiker aller Traditionen, hoffen, wünschen und sehnen sich religiöse und areligiöse Menschen, ohne voneinander zu wissen. Immer sind das Gebet und die Sehnsucht der Einzelnen umfangen vom Beten seiner Glaubensgeschwister und der weltweiten Gemeinschaft aller, die in irgendeiner Weise nach Hilfe ausschauen.

NAHRUNG UND RELIGION

Im Flugzeug nach Kairo kam ich mit der Dame neben mir über Religion ins Gespräch. Sie meinte, am meisten unterschieden sich die Religionen doch durch ihre unterschiedlichen Speisevorschriften. Über diese Auskunft war ich bass erstaunt, denn in meiner kurz vorher erschienenen interreligiös orientierten Dogmatik hatte ich das Problem der Speise-Vorstellungen mit keiner Silbe erwähnt.

Vegetarian?

Bei einem Flug in oder nach Asien wird man ganz selbstverständlich gefragt, ob man die Bordmahlzeit »vegetarian« oder »non-vegetarian« wünsche. Asiaten liegt das Vegetarische aufgrund einer tief verwurzelten Grundeinstellung näher: Alle Lebewesen, Tiere und auch Pflanzen, sind beseelt; bei jedem Tier und jeder Pflanze kann es sich um Wiederverkörperungen handeln. Gewalt soll, so weit wie möglich, vermieden werden (*ahimsa*). Vegetarisch zu essen ist also jedenfalls das geringere Übel als Fleischgenuss. Hindus wissen um die Möglichkeit, dass man sich durch bestimmte Substanzen verunreinigen kann, dass aber der eigene Körper, ja die Welt als solche ohnehin bereits unrein ist. Von der Unreinheit aber möchte man befreit werden, sich jedenfalls so weit wie möglich entfernt halten. Trotzdem: Nach dem Essen fühlt man sich noch weniger rein als vorher. So hat man eine Fülle von Differenzierungen, ja eine »Hierarchie« der Lebensmittel gefunden: Das Gekochte ist weniger rein als das Rohe, das Heiße weniger rein als das Kalte. »Erhitzendes« gilt es zu vermeiden. Nach einer nepalesischen Klassifikation sind Bohnen oder Tomaten »kalt«, Peperoni, Zwiebeln oder Knoblauch »heiß«, Honig ist »kalt«, in Öl gebackene Süßigkeiten sind »heiß«.[1] Die Frage, wer was wie zusammen mit wem isst, steht im Horizont der Grundvorstellungen von Reinheit und Unreinheit. Wer welche Speise zu sich nehmen darf, hängt ab von seinem Kastenstatus, dem Alter und dem Geschlecht. Wichtig ist auch, wer die Speise zubereitet hat. Am günstigsten ist es, wenn es ein Brahmane war; denn er verkörpert die höchste Reinheit. Es geht darum, den Kontakt mit Unreinem zu vermeiden. »Nicht jeder darf oder sollte mit jedem essen.«[2] Die große Sensibilität allem Lebenden und allem Verunreinigenden gegenüber macht mich als westlichen Christen nachdenklich. Andererseits empfinde ich es als deklassierende und entwürdigende Einschränkung, wenn nicht jeder Mensch mit jedem anderen das Mahl sollte teilen dürfen. Gerade miteinander zu essen schafft Gemeinschaft.

Buddhisten gehen von der selbstverständlichen Wahrnehmung aus, dass alle Lebewesen auf Nahrung angewiesen sind. Doch können die Menschen sich nicht von Materiellem allein ernähren. Sie bedürfen auch seelisch-geistigen »Futters«. Berührung durch die Sinne, insbesondere durch Auge und Ohr, nährt ebenso wie die »Nahrung des geistigen Wollens«, in der Verstand und Wille zu ihrem Recht kommen. Die »Nahrung der Bewusstheit« erfüllt den Erwachten mit »Wiedergeburtsbewusstsein«, das ihn zugleich mit der Unendlichkeit verbindet. Der Akzent liegt hier also von vornherein weniger auf der leiblichen als auf der seelisch-geistigen Nahrung. Was ich mit den Augen, mit meinem Verstand und meiner Seele aufnehme, ist mindestens so wichtig wie all das Materielle, das ich verzehre. Buddhistische Speisevorschriften sind daher nicht so streng und klar wie die der Hindus. Den Ausgangspunkt nehmen sie im Edlen Achtfachen Pfad, der die Basis buddhistischer Ethik darstellt. Im vierten Glied dieses Pfades geht es um das »rechte Verhalten«. Hier wird verlangt, dass man sich von Ausschweifungen fernhält und beispielsweise nach nichts greift, was einem nicht gegeben wird. Das fünfte Glied empfiehlt die »rechte Lebensführung«, nämlich einem Beruf nachzugehen, der nicht mit Töten zu tun hat, und selbst kein Leid zu verursachen. Dabei ist Fleischgenuss sogar dem Mönch nur dann verwehrt, wenn das Tier eigens für ihn geschlachtet ist. Das siebte Glied mit seiner Aufforderung zur rechten Achtsamkeit bezieht sich natürlich auch auf das konkrete Essen und Trinken. Der vietnamesische Mönch Thich Nhat Hanh erläutert das einfühlsam in einer Art Meditation am Beispiel des christlichen Abendmahls. Das Ritual der Eucharistie ermuntere uns, »ganz bewusst zu sein, damit wir den Körper der Wirklichkeit in uns berühren können. Brot und Wein sind keine Symbole: Sie enthalten die Wirklichkeit – genau wie wir selbst.« Sie seien »wirklich Leib und Blut Christi«. Wenn wir das Brot »intensiv essen, berühren wir die Sonne, die Wolken, die Erde und alles im Kosmos. Wir berühren das Leben (...).« Wir »üben Dankbarkeit« und nutzen die »wunderbare Möglichkeit, das Mitgefühl zu stärken (...).«[3]

Koscher und Halal

Die Speisevorschriften des Judentums erscheinen dem Nichtjuden als eine Wissenschaft für sich. Nur einige Grunddaten sind ihm im Allgemeinen bekannt: kein Schweinefleisch, da das Schwein zwar gespaltene Hufe hat, aber kein Wiederkäuer ist (Lev 11; Dtn 14,3-20); kein Blutgenuss (Lev 3,17 par.); nur Fleisch von rituell geschächteten Tieren (rabbinische Anweisung aufgrund von Dtn 12,21). Bei diesen beiden letzten Regelungen kann man den religiösen Hintergrund noch erkennen: Das Blut gilt als Sitz des Lebens; hier mag ein Tabu-Bewusstsein eine Rolle gespielt haben. Manche der vielen Einzel-Anweisungen scheinen willkürlich; man hat sie u. a. mit hygienischen Gründen erklärt, so teilweise schon Maimonides im 12. Jahrhundert. Aber die eigentliche religiöse Intention trifft man damit natürlich nicht. Ihre Begründung liegt auch weniger im Detail konkreter theologischer Argumentation als in der Grundüberzeugung, wie sie etwa in Lev 11,44 ausgedrückt ist: »Ich bin der Herr, euer Gott. Darum sollt ihr euch heiligen, also dass ihr heilig werdet; denn ich bin heilig (...).«[4] Spezifische Askese grenzt diejenigen aus, die sie nicht teilen, und schafft zudem ein Bewusstsein der besonderen eigenen Identität. Sie dient der Selbstdisziplin und der Läuterung. Schon in einem Text aus dem 3. nachchristlichen Jahrhundert ist zu lesen: »Die Gebote wurden nur deshalb gegeben, um die Menschen zu läutern. Denn warum sollte sich Gott darum kümmern, wie man ein Tier schlachtet (...)?«[5] Leo Baeck, der die Speisegesetze als solche nicht diskutiert, findet, die »zahlreichen Satzungen« hätten »dazu beigetragen, die rechte Tat zur Selbstverständlichkeit zu machen«. »Die Alltäglichkeit, die Prosa des Hauses, hat durch sie ihre Weihe gewonnen; sie haben es vermocht, das Irdische zu heiligen.«[6] Mit einem gewissen Stolz kann man dann sagen: »Wir Juden essen nicht alles, was essbar ist, auch nicht alles, was wahrscheinlich gut schmeckt oder hygienisch nützlich sein mag (...).«[7]

Die islamischen Speisevorschriften ähneln denen des Judentums; der Koran nimmt gelegentlich auf diese Bezug. Der Islam unterscheidet zwischen erlaubten (*halal*), verbotenen (*haram*) und religiös unerwünschten (*mukrah*) Speisen. Verboten sind, wie bekannt, vor allem Schweinefleisch und Berauschendes. Dies wird nicht näher begründet, es sei denn, man sieht darin eine Vervollkommnung »der Religion des Islam« (Sure 5,3). Ansonsten ist es dem Muslim genug zu wissen: »Verboten ist euch«, »verboten hat Er euch«; es handelt sich um »Gräuel« oder »Frevel«. Die Notwendigkeit der rituellen Schächtung ergibt sich aus dem Verbot des Blutgenusses. Im Blick auf die erlaubten Speisen wird natürlich empfohlen, Maß zu halten. Es darf durchaus mit Freuden gekostet werden, was Allah beschert hat, besonders, wenn sein Name darüber ausgesprochen worden ist (Sure 6,119). »O ihr, die ihr glaubt, esst von den köstlichen Dingen, die Wir euch beschert haben, und dankt Gott, so ihr (wirklich) ihm dient« (Sure 2,172). Alle sollen satt werden. Nach einem Ausspruch Muhammads darf kein Muslim ruhig schlafen, wenn er weiß, dass sein Glaubensbruder hungert. So steht auch das Fasten in einem karitativen Zusammenhang.

»Fresser und Weinsäufer«

Angesichts der subtilen Differenzierungen in den hinduistischen und buddhistischen Traditionen und der klaren Vorschriften in Judentum und Islam erscheinen Jesus und seine Christen als »Fresser und Weinsäufer« (Mt 11,19; Lk 7,34). Was hat Jesus veranlasst, die simple Bitte um Brot in das Vaterunser aufzunehmen? Im Hintergrund steht die 9. Benediktion des Achtzehn-Bitten-Gebets: »Segne uns, Herr, unser Gott, (...) und sättige die ganze Welt aus deinem Guten (...)!« In der erweiterten Form kann dann auch von Tau und Regen und Gewächsen aller Art die Rede sein. In seiner Prägnanz und Konzentration auf das »Brot« ist die Vaterunser-Bitte jedoch ein Unikum in der Welt der Religionen, die sich in diesem Zusammenhang pietätvoller zu verhalten scheinen. Auch das frühe Christentum hat es bald nicht mehr dabei belassen und sich auf allerlei Fastenregeln eingelassen. Pietisten waren dann später der Meinung, in Kana eine so große Menge an Wein zur Verfügung gestellt zu haben, sei nicht Jesu »bestes Stück« gewesen. Aber im Vaterunser geht es erst einmal um den nackten Bedarf an Brot. Er wird im Neuen Testament eingeordnet in die Koordinaten: »Trachtet zuerst nach dem Reich Gottes und nach seiner Gerechtigkeit, so wird euch das alles zufallen« (Mt 6,33) und das Wissen, dass der Mensch nicht »vom Brot allein« lebt (Mt 4,4), sondern von Gottes Wort. Jesus selbst wird von den Seinen wahrgenommen als das »Brot des Lebens« (Joh 6,35).

Gleichwohl wird im Neuen Testament von einer konkreten Speisung nicht weniger als siebenmal berichtet. Das Brot und alles, was dazu gehört, ist es wert, dass man daran denkt und darum bittet und dafür dankt. Wie wir vom Brot abhängig sind, so von den Bedingungen, die uns ermöglichen, dass wir Brot essen. Brot und Gott wollen zusammengedacht werden. Gott kommuniziert mit uns Menschen über das Materielle. Brot und Zeit gehören zusammen. Es geht um das »Heute«, an dem wir zu essen haben, und das täglich. Gott schenkt uns Zeit zum Essen (während schon die Jünger keine Zeit hatten zu essen, Mk 6,31). Die Brotzeit, Brot und Zeit überhaupt bekommen damit ihre eigene Würde. Die Ausleger haben sich große Mühe gemacht herauszufinden, was der merkwürdige, im Neuen Testament nur hier vorkommende Begriff *epiousios* bedeute, ob er nämlich schlicht mit »täglich« zu übersetzen sei oder ein »übermaterielles«, »eschatologisches« Brot meinen könnte.[8] Die fromme Interpretation stürzte sich sofort auf Letzteres und sah eine Verbindung zu einem erwünschten täglichen Abendmahlsempfang.[9] Im Gleichnis vom Weltgericht freilich geht es um die Stillung von tatsächlichem Hunger und von wirklichem Durst (Mt 25,35 / 42). Gewiss hat der altkirchliche Theologe Basilius der Große Jesus gut verstanden, wenn er ausführte: »Dem Hungernden gehört das Brot, das bei dir zuhause verdirbt. Dem Barfüßigen gehören die Schuhe, auf die sich unter deinem Bett Schimmel setzt. Dem Nackten gehört die Kleidung, die in deinem Kleiderschrank hängt (…).«[10] Was kann den säkularen Menschen am Brot interessieren, über die Tatsache hinaus, dass auch er darauf angewiesen ist und seinen Mitmenschen etwas davon zukommen lassen möchte?

NAHRUNG ALS SELBSTVERSTÄNDLICHKEIT

In unseren Breiten gehört das Brot zu den Selbstverständlichkeiten, über die man meint, nicht groß nachdenken zu müssen. Es scheint eher ein politisches und gesellschaftliches Problem zu sein als ein Thema von Philosophie oder Religion.

Brot ohne metaphysische Überhöhung

Die klassische Philosophie hat sich kaum für das »Brot« interessiert, obwohl bereits Hippokrates Zusammenhänge zwischen Nahrung und Gesundheit kannte und Epikur die Lust an »bescheidenen Suppen« empfohlen hatte. Immanuel Kant, der »unbekannte Gastrosoph«, konnte eine »gute Mahlzeit in guter Gesellschaft« als den Ort wahrer »Humanität« verstehen.[11] Zum eigentlich philosophischen Thema wurde die Nahrung erst um die Mitte des 19. Jahrhunderts, als Jakob Moleschott seine »Lehre der Nahrungsmittel« vorlegte. Feuerbach hat dieses Buch rezensiert und dabei den dann berühmt gewordenen Satz formuliert: »Der Mensch ist, was er isst.«[12] Er schlussfolgert: »Die Nahrung nur ist die Substanz; die Nahrung die Identität von Geist und Natur; wo kein Fett, ist kein Fleisch, aber wo kein Fett, da ist auch kein Hirn, kein Geist, und das Fett kommt nur aus der Nahrung; die Nahrung ist (...) das Allesumfassende, das Wesen der Wesen.« Alles hänge vom Essen und Trinken ab. Die »Verschiedenheit des Wesens« sei »nur Verschiedenheit der Nahrung«.[13] Friedrich Nietzsche sieht dann die Ernährung in einem weiteren Zusammenhang und kommentiert das sarkastisch: »... ich habe bis zu meinen reifsten Jahren immer nur schlecht gegessen – moralisch ausgedrückt ›unpersönlich‹, ›selbstlos‹, ›altruistisch‹, zum Heil der Köche und andrer Mitchristen.« Durch die Leipziger Küche habe er seinen »Willen zum Leben« verneint. Der »klimatische Einfluss auf den Stoffwechsel«, ja das »*tempo* des Stoffwechsels« stehe »in einem genauen Verhältnis zur Beweglichkeit oder Lahmheit der Füße des Geistes«: Der Geist selbst sei ja nur eine »Art dieses Stoffwechsels«.[14] Doch der Lobpreis des Essens dient hier nicht der Würdigung des Materiellen, sondern dem Kampf gegen Idealismus und Metaphysik. Erst um die Wende vom 20. zum 21. Jahrhundert bekommt die Ernährung einen eigenen philosophischen Stellenwert, nämlich im Zusammenhang von Lebenskunst und »gastrosophischer Ethik«. In der Philosophie der Lebenskunst gehe es, so Wilhelm Schmid, um die Wiederherstellung von Zusammenhängen und Sinn. »Denn das ist die Situation des modernen Individuums: Frei zu sein von *religiöser* Bindung, denn es ist auf keine Religion mehr festgelegt, auf kein Jenseits mehr vertröstet – mit der Folge, auf kleine und große Lebensfragen nun selbst Antworten finden zu müssen.« Frei sei der moderne Mensch auch »von *politischer*, ökologischer, ökonomischer und *sozialer* Bindung ... Der Umgang mit dem eigenen Körper rückt ins Zentrum des Interesses.« Die Liebe auch zu sich selbst gehe durch den Magen. »Die Ernährung ist der Ausdruck dieser Liebe, der intimste Akt, den das Selbst tagtäglich (!) mit sich vollzieht (...).« Eine erneuerte Diätetik trage zu einem schönen Leben bei. Schon Diogenes habe gefragt: »Wozu lebst du, wenn du dich nicht darum sorgst, schön zu leben?«[15]

Gesellschaftliche und politische Implikationen des Essens werden von Harald Lemke ausgemacht: Die »revolutionäre Praxis eines besseren Essens« beginne mit dem Einkauf und verwirkliche sich dann im »Essenmachen« und im Mahlverhalten. »Weil Kaufkräfte mit jedem Kaufvorgang und Konsumglück an unzähligen Fäden des Weltwirtschaftsnetzes ziehen und damit ihren Teil an den weltgesellschaftlichen Lebensverhältnissen weben, ist jeder Einkauf ein zutiefst philosophischer Akt, durch den die Menschen sich auf eine ethisch relevante Weise politisch verhalten (...).« Sie können eine »subversive Konsummentalität« entwickeln und der »gastrosophischen Selbstentfremdung« entgegenwirken. Gesellschaftliche Veränderungen seien vom Mikrobereich aus in Gang zu setzen (frei nach Michel Foucault).[16] Zur Bitte um das tägliche Brot stehen diese Überlegungen in einem ambivalenten Verhältnis. Auf der einen Seite dienen sie der Besinnung auf den Stellenwert des Essens im Lebensganzen; auf der anderen Seite gehen sie davon aus, dass man das Brot sich nicht geben lassen, sondern es sich nehmen muss.

Religiöses Erbe

Dies trifft nun in verstärktem Maße für das Verhalten der Menschen zu, für die die rechte Auswahl und die hingebungsvolle Zubereitung von Speisen nahezu Kultstatus gewonnen haben. Als Beispiele sind hier die Stichworte »Vegetarismus« und »Ayurveda« zu nennen. Vegetarismus gibt es in vielerlei Spielarten. Er kann sich durch gesundheitliche oder ökologische Gesichtspunkte begründen, aber auch als Weltanschauung darstellen. Seine radikalste Form ist der Veganismus, der auf alle Nahrungsmittel verzichtet, die mit der Tötung von Tieren zusammenhängen oder Tierisches ausbeuten. Für manche Vegetarier stehen Einsichten asiatischer Religionen im Hintergrund, andere beziehen sich auf Albert Schweitzers Forderung nach »Ehrfurcht vor dem Leben«. Eine Radikalisierung ergibt sich, wenn man der Ansicht Peter Singers folgt, es gebe keinen grundsätzlichen Unterschied zwischen Menschen und »nichtmenschlichen Tieren«.[17] Eine populäre Fassung der Gründe für Vegetarismus ist »Veggis Welt« zu entnehmen: »Auch Tiere wollen leben. Vegetarisch leben ist gesünder. Fleischlos gegen Menschenhunger. Der Regenwald liebt nur Vegetarier/innen. Luft und Land sind güllekrank. Fleischkonsum als Klimakiller. Geistig klar durch Pflanzenkost. Vegetarisch leben ist Gottesdienst.«[18] Mit dem letzten Gesichtspunkt verbindet sich mitunter eine rigide Polemik gegen die Kirchen, die ihrerseits von vegetarisch orientierten Bewegungen wie dem »Universellen Leben« aufgegriffen werden kann. Die christlichen Kirchen sollten sich angesichts dieser Kritik durchaus die Frage stellen lassen, ob sie im Blick auf Tierhaltung und Tierschutz genügend Engagement gezeigt haben.

In eine sanftere Welt führt der Weg des Ayurveda ein, der auf Harmonie und Balance ausgerichtet ist. Er versteht sich als das »Wissen vom Leben« oder gar von der »langen« oder »vollständigen Lebensdauer«. Gesund lebt ein Mensch, wenn die Balance der in ihm wirkenden Körperkräfte nicht durch die Zuführung von bestimmten ungeeigneten Nahrungsmitteln gestört wird. Ungleichgewichte können durch eine bestimmte Ernährung und Lebensführung ausgeglichen werden. Damit ergeben sich zugleich Regeln, »wieviel«, »wann« und »wie« man essen soll.[19]

Bei religiös motiviertem Ernährungsverhalten mischen sich offenbar verschiedene Anliegen. Vordergründig mag das Bedürfnis stehen, das eigene Leben gesund zu erhalten und auszuschöpfen. Ein bestimmtes Verhalten, das zugleich meinem Alltag Struktur und Klarheit gibt, wird belohnt. Ich selbst kann dazu beitragen. Zusätzlich kann sich mein Verhalten auf meine Mitwelt positiv auswirken. Was hat das Vaterunser dazu beizutragen? Führt es auf Abwege?

Öffentliche Verantwortung

Um die Ernährung kümmert sich in Deutschland das Ministerium für Ernährung und Landwirtschaft, weltweit die Ernährungs- und Landwirtschaftsorganisation der Vereinten Nationen (Food and Agriculture Organization of the United Nations, FAO). Dass in diesem Bereich unendlich viel zu tun ist, zeigt sich an Stichworten wie Welternährung, Hunger, Verbraucherschutz, Adipositas (Fettleibigkeit), Anorexie (Magersucht), Bulimie (Ess-/Brechsucht), Rauchen, Drogen ... Das Welternährungsprogramm der Vereinten Nationen (UN World Food Programme, WFP) gibt für die Jahre 2010-2012 eine Zahl von 868 Millionen Hungernden (12,5 % der Weltbevölkerung) an; Tendenz nur leicht fallend. Weltweit gehen 10 von 100 Menschen am Abend hungrig zu Bett. Welchen Sinn kann es in diesen Zusammenhängen haben, zu bitten: »Unser tägliches Brot gib uns heute!«?

Bitten ohne / essen mit Sinn und Verstand?

Sind die etwa 30.000 täglich auf Erden verhungernden Menschen der große Beweis für die Absurdität alles Betens? Die christliche Frömmigkeit hat Ausflüchte gesucht: Es gehe gar nicht um das irdische Brot, sondern um die Eucharistie – eine Antwort, die zynisch wirken muss. Teresa von Ávila bittet um die Gnade, »dass wir unser himmlisches Brot zu empfangen würdig seien«. Jürgen Werbick vermutet, die Brot-Bitte sei heute für viele Menschen »zum Gebetsort geworden, an dem vielfach Abschied genommen wird von der Erwartung einer materiell-physischen Lebenshilfe durch Gottes konkret fürsorgliche ›Vorsehung‹«.[20] Doch Gott soll offenbar nicht einfach als »Brötchen-Geber« verstanden werden. Schon der Bericht von der Speisung der Fünftausend im Johannes-Evangelium endet mit der Notiz, Jesus habe sich denen entzogen, die ihn daraufhin zum Nahrung herbeischaffenden »König« machen wollten. Er entwich, »er selbst allein« (Joh 6,15).

Trotzdem halte ich es für selbstevident, dass die Brot-Bitte zuallererst auf den irdischen Hunger zu beziehen ist. Sie artikuliert ein Vertrauen, das sich auch auf das Kleinste und Nötigste bezieht – »heute« und immer wieder. Es mag ein kindliches Vertrauen sein, wie es sich in dem Spruch meldet, mit dem mich in einer kritischen Situation einer meiner Freunde zu trösten versuchte: »Gott gibt's Häsle, Gott gibt's Gräsle.« Ich lasse es dann Gottes Sache sein, wie er das anstellt. Vielleicht »kocht« er etwas, was mir nicht schmeckt.[21] Aber es ist dann Gott, der mir das zugemutet hat, dass mein Wunsch nicht oder ganz anders in Erfüllung geht.

Merkwürdig ist in der Brot-Bitte des Vaterunsers die Verbindung von Brot und Zeit. Die Exegeten halten es für wahrscheinlich, dass die ursprüngliche Fassung lautete: »Unser Brot für morgen gib uns heute!«[22] Dahinter mögen Manna-Spekulationen stehen oder auch die Notwendigkeit, im jüdischen Haushalt vor dem Sabbat für das »morgen« vorzusorgen, weil am Sabbat nicht gekocht werden durfte. Dass auf diese Weise ein eschatologischer Akzent in das Gebet geraten sein könnte, ist denkbar. Dann ginge es um das Brot für den letzten aller Tage. Naheliegend ist aber ohnehin der Zusammenhang von Brot und Zeit: Trifft das Brot nicht rechtzeitig ein, dann kann es zu spät sein. Die Gewissheit, das Brot für morgen schon heute zu bekommen, wäre dann abermals ein Ausdruck des Vertrauens: Das Brot, was du als elementare Lebensgrundlage brauchst, wird rechtzeitig da sein. Heute und morgen dürfen der Vorsorge Gottes anvertraut werden. Das gilt dann auch für die schwierigeren Tage, ja für den schwierigsten, den Tag meines Sterbens. Die nötige Palliativ-Medizin, die notwendige menschliche Begleitung werden mir am Tag meines Todes nicht fehlen. Heute werden sie vorbereitet.

Das Brot verliert mit dem Gebet seine Selbstverständlichkeit. Es wird zur Herausforderung. Das Brot beginnt zu sprechen. Das Materielle redet an. Selbst der Atheist Feuerbach lässt seine Sensibilität dafür erkennen, dass Brot und Wein in ihrer natürlichen Qualität dazu angetan sind, dem Menschen etwas Besonders zu sagen und zu sein: »*Heilig* sei uns darum das Brot, *heilig* der Wein, aber auch *heilig* das Wasser!«[23] Das Materielle erscheint auf einmal in einem anderen Licht. Zuerst kommen die unendlich vielen Beziehungen in den Blick, in denen es steht – die Beziehung zu den Menschen, die es verkauft, gebacken, das Mehl gemahlen, das Getreide gesät und geerntet haben. Die Beziehung zu den vielen Menschen, die mit uns essen, wird uns bewusst, auch unser eigenes Kauen und Verdauen. In alledem sind wir abhängig, von Menschen, von »der Natur«, von ...? Wir werden uns selbst zu Frage und Wort. Wir entdecken uns als »Wesen, die ihre Energie fortwährend von außen hernehmen«[24], und dabei tritt uns unsere »eigene Unersättlichkeit«[25] vor Augen. Das Brot wird damit erst zu dem, was es ist. Es wird das Brot, das »vom Himmel kommt«. In der christlichen Gemeinde sind Brot und Wein daher zum Inbegriff der leibhaftigen Gnade und des greifbaren, mit allen Sinnen aufzunehmenden Segens geworden. Es wird gegessen und getrunken in der Gemeinschaft der Feiernden – für den säkularen Menschen »konviviales Vergnügen« und vielleicht doch auch für ihn Symbol eines gelingenden, gelungenen Lebens.

KULTIVIERT ESSEN

Die Brot-Bitte des Vaterunsers stellt manche unserer modernen Ess-Gewohnheiten infrage. Weder Fast Food noch Schlemmer-Lokale sind im Blick. Es geht ihr um »kultiviertes«, dem Menschsein angemessenes Essen. Menschen sind in der Lage, ihre Nahrung anders als die »nichtmenschlichen Tiere« mit Sinn und Verstand aufzunehmen. Sie können fasten, danken und teilen.

Fasten

Das Fasten gehört wohl zu den ältesten bewussten Umgangsformen des Menschen mit der Nahrung. In nahezu allen Religionen wird gefastet. Nicht alles, was sie an Fasten empfehlen, dürfte heute die Zustimmung von Ernährungswissenschaftlern finden. Inwieweit das radikale Ramadan-Fasten, bei dem man den gesamten Tag über nichts zu sich nimmt, der Gesundheit dient, bleibe dahingestellt. Buddhistische Mönche (und fromme Laien) essen nur einmal am Tag, und das vor der Mittagsstunde, was ebenfalls dem Rat der Trophologen widerspricht. Die Jainas, eine indische religiöse Gruppierung, kennen sogar das Ideal des rituellen Hungertods durch konsequenten Nahrungsverzicht. Doch desavouieren manche Übertreibungen und Merkwürdigkeiten das Fasten als solches nicht. Wer wenigstens auf Zeit fastet, gibt seinem Leben Struktur. Es verschafft ihm Identität. Er erlebt sich wenigstens für eine gewisse Zeit als von elementaren äußeren Lebensbedingungen unabhängig. Dies wiederum kann Stolz und Überlegenheitsgefühle hervorrufen, weswegen der Buddha radikales Fasten abgelehnt und als Form des Anhaftens gebrandmarkt hat – wie, unter anderen Voraussetzungen, der Reformator Martin Luther. Aber auch für ihn blieb es eine »feine äußerliche Zucht«. Moderne Formen empfehlen das »Sieben Wochen ohne«, wobei man sich dann aussuchen kann, worauf konkret man für eine gewisse Zeit verzichten will. Medizinische und spirituelle Erwägungen können sich dabei gegenseitig stützen. Wer die Idee des Maßhaltens im Alltag verwirklichen will, könnte sich die buddhistische Regel zu eigen machen, sich nicht wirklich »satt« zu essen und sich zwischen den einzelnen Bissen eine kurze Pause zu gönnen; er legt sein Besteck, während er kaut, noch einmal auf den Tisch zurück, bevor er erneut zugreift. Unser täglich Brot, mit buddhistischer Achtsamkeit aufgenommen ...

Danken

Die Praxis des Tischgebetes ist in unseren Breiten weithin verloren gegangen. Bert Brechts Auffassung hat sich durchgesetzt: »Erst kommt das Fressen, dann die Moral« – wenn sie denn überhaupt folgt. Es scheint eine klare Rangfolge zu geben, wie sie etwa Abraham Maslow in der Form einer Bedürfnishierarchie dargestellt hat: Physische Bedürfnisse stellen die Voraussetzung für alles Weitere dar. Der Mensch ist diesen Bedürfnissen allerdings nicht bedingungslos ausgesetzt. Er kann vor dem Essen innehalten und nachdenken. Selbst Trophologen empfehlen das. Man kann es einem Glückstraining zuordnen: »Dankbarkeit spüren ...«! Viele Religionen kennen Dank und Anrufung im Zusammenhang mit Essen und Trinken. Die jeweiligen Formulierungen lassen erkennen, dass Feuerbachs Bezeichnung des Tischgebets als »Mastgebet des Egoismus«[26] wohl doch nicht sachgemäß sein kann. In einem nach der Mahlzeit zu sprechenden hinduistischen Gebet heißt es: »Möge diese Nahrung zur Stärkung des Festen, des Flüssigen, des Feurigen, des Luftigen in meinem Leibe einverleibt werden und mir ununterbrochen Segen bringen.« Dann werden einzelne Gottheiten angerufen, zuletzt Vishnu: »Möge Vishnu (...) die richtige Aufnahme der stärkenden Speise, die ich aß, lenken! (...).«[27] Buddhistische Mönche oder Nonnen sprechen vor jeder Mahlzeit die »Fünf Betrachtungen«: »Diese Speise ist das Geschenk des ganzen Universums: der Erde, des Himmels und von vieler harter Arbeit. Mögen wir in einer Weise leben, die dieser Speise würdig ist. Mögen wir unsere ungeschickten Bewusstseinszustände verwandeln, insbesondere denjenigen der Habgier. Mögen wir nur Speisen essen, die uns nähren und Krankheiten vorbeugen. Mögen wir diese Speise für die Verwirklichung des Pfades und des Verständnisses und der Liebe annehmen.«[28] Im Islam gibt es für unterschiedliche Anlässe – vor und nach dem Essen oder beim Fastenbrechen – verschiedene Gebetsformulierungen: »Wen Allah speist, der soll sagen: Oh Allah, segne es für uns und speise uns mit Besserem als diesem.« Oder nach dem Essen: »Gepriesen sei Allah, der mir dies zu essen gab und es mir zur Verfügung stellte ohne irgendeine Kraft oder Macht meinerseits.« Der Gast kann für die Gastgeber beten: »Oh Allah, segne sie und das, womit du sie versorgt hast, vergib ihnen und sei ihnen gnädig!«[29] Den schönen jüdischen

Brauch, vor oder nach etwas besonders Schmackhaftem, etwa einem kräftigen Zug aus dem Bierkrug, im Geist eine *berakha* zu sprechen, habe ich mir seit langem angeeignet: »Gepriesen seist Du, Gott, dass Du mir so Gutes zukommen lässt!« Das Christentum kennt eine Fülle von Tischgebeten.[30] Ich selbst bin aufgewachsen mit der besonders in Franken häufig gebeteten Strophe: »Wir danken Gott für seine Gaben, die wir von ihm empfangen haben, und bitten unsern lieben Herrn, er woll' uns hinfort mehr bescher'n: Er wolle uns speisen mit seinem Wort, auf dass wir satt werden hier und dort. Ach, Du lieber Gott, Du wollest uns geben nach dieser Welt das ewige Leben!« Das »mehr«, das Gott beschert und das schließlich noch wichtiger ist als die irdische Nahrung, ist Gottes Wort.

Die Brot-Bitte des Vaterunseres schärft ein: Das Brot ist nicht einfach »da«, sondern es »wird gegeben« – von Menschen, die es zubereitet haben, von anderen, die die Voraussetzungen dafür geschaffen haben, vom »Universum«. Der säkulare Mensch wird sich nicht viel Zeit für lange Reflexionen nehmen wollen, und er weiß vielleicht nicht, wie er seinen Dank adressieren soll. Friedrich Heiler hat das Gebet eines kanadischen Indianerstamms ausfindig gemacht: »Unsere Sonne, gib uns zu essen!« Japanische Buddhisten sagen schlicht: – »itadakimasu – danke!«, verbunden mit dem Zeichen des Gassho, den zusammengelegten Handflächen, einer Geste der Dankbarkeit und Verehrung. Ein auch noch so kurzes dankendes Innehalten vor dem Mahl wäre Ausdruck eines kultivierten Essens, wie es dem Menschen in seiner besonderen Rolle inmitten der Schöpfung gut ansteht.

Teilen

Der Freude am gemeinsamen Essen entspricht die Freude am Teilen der Nahrung, wie es so ebenfalls nur den Menschen möglich ist. Es geht um »unser« tägliches Brot, um das »Brot für die Welt«. Auch hier kann man einen Blick auf die Praxis in anderen Religionen werfen. In den frühen Zeiten der Menschheit hat das Opfer, das man sich vom Munde abgespart hat, den Gottheiten gehört. Wohl mit der Achsenzeit rückten die Mitmenschen stärker in den Blick. Im Hinduismus sind die Regeln sozialen Verhaltens kastenspezifisch angelegt. Im Buddhismus gilt das Almosen der Laien den Mönchen und Nonnen, die vom Erbettelten leben. Im Alten Testament, der Hebräischen Bibel, heißt es: »Brich dem Hungrigen dein Brot und die im Elend ohne Obdach sind, führe ins Haus! (...)« (Jes 58,7). Im Islam spielt die Almosensteuer (*zakat*) eine wichtige Rolle; sie bezieht sich zunächst einmal auf die Angehörigen der muslimischen Gemeinschaft; daneben gibt es die verdienstliche freiwillige Abgabe. Auch Paulus legt seinen Brief-Empfängern und -Empfängerinnen nahe, jedermann Gutes zu tun, »allermeist aber des Glaubens Genossen« (Gal 6,10). Inzwischen haben mehr oder weniger alle Religionen erkannt, dass sie nicht nur für das »Brot« ihrer eigenen Mitglieder verantwortlich sind. Weltumspannende, von einzelnen Religionen und Weltanschauungen unabhängige Organisationen haben sich gebildet, die dem Hunger in der Welt Paroli bieten wollen. Eine neue Erkenntnis bricht sich Bahn: Es geht nicht nur um »Barmherzigkeit«, sondern um Gerechtigkeit. Insofern bleibt die Bezeichnung »Misereor« hinter dem zurück, was heute nötig ist. Die Bitte um »unser täglich Brot« enthält eminent politische und existenzielle Implikationen, nämlich den Auftrag zum Kampf um eine gerechte Verteilung der Güter und Lebenschancen und zur Besinnung auf ein menschenwürdiges Dasein.

VERGIB – WIE WIR VERGEBEN?

Das Gegenteil von Vergebung ist Vergeltung. Die intensivste Form von Vergeltung ist die Rache, in archaischen Gesellschaften die Blutrache. Auch dem Alten Testament / der Hebräischen Bibel und dem Koran ist sie noch bekannt (Ri 8,18-21 und öfter; Sure 2,178). Die Rache wird von manchen Religionswissenschaftlern als »universales anthropologisches Phänomen« verstanden (Fritz Stolz). Tatsächlich kennt wohl jeder und jede die Versuchung, mit »gleicher Münze« heimzuzahlen. In religiösem Zusammenhang kann das Bedürfnis nach Wiederherstellung des Rechts eine Rolle spielen. Dann wird Sühne gefordert. Der Clan darf nicht durch die Schuld eines seiner Mitglieder belastet werden (»Ehrenmord«). Vor diesem Hintergrund hebt sich die fünfte Vaterunser-Bitte ab: die Vision einer Gemeinschaft von Menschen, die zu ihrer Schuld stehen, um Vergebung bitten und einander vergeben.

Öffentliche Schuldbekenntnisse wie das »Stuttgarter Schuldbekenntnis« oder päpstliche Schuld-Eingeständnisse sind Schritte in die richtige Richtung und sollten nicht als Selbstentlastungs-Versuche verstanden werden. Menschen haben freilich immer wieder das Bedürfnis, sich in eigener Initiative von Schuld frei zu sprechen, sich zu »ent-schuldigen«. So kommt es nur selten zu einer Erfahrung von Vergebung.

Überall in den Religionen gibt es eine Ahnung davon, dass das bloße Dasein des Menschen auf Erden ihn schuldig macht und dass er diese Schuld unter bestimmten Zwängen und in eigener Verantwortung vergrößern kann. Wie kommt das Thema Schuld bei säkularen, religionslosen Menschen zu stehen? Gänzlich zu fehlen scheint es auch bei ihnen nicht.

SCHULD UND VERGEBUNG IN DEN RELIGIONEN

Schuld und Vergebung wird in den verschiedenen Religionen so unterschiedlich wahrgenommen, dass es schwierig ist, hier die Gemeinsamkeiten zu erkennen. Der Hauptunterschied ergibt sich aus dem Gegensatz zwischen theistischen und nicht-theistischen Auffassungen. Für die theistisch orientierten Konzepte präzisiert sich der Begriff »Schuld« zu »Sünde« gegenüber Gott. Bei nicht-theistischen Deutungen steht der Zusammenhang von Schuld und Schicksal im Vordergrund.

Schuld und Schicksal

Für Hindus – wie dann auch für Buddhisten – konzentriert sich die Schuldfrage auf den Begriff *karma*. Karma ist ursprünglich, ethisch noch nicht gewertet, die Tat, die Auswirkungen hat und Spuren hinterlässt. Der *dharma* repräsentiert die Ordnung des Universums, gegen die man sich vergehen kann, ja als auf Erden Geborener vergehen wird. Einzelne Vergehen werden zum Teil kasuistisch aufgelistet. Sie sind kastenspezifisch; je nach dem gesellschaftlichen Standort, den man innehat, legt sich ein besonderes Verhalten nahe, das dem *dharma* ent- oder widersprechen kann. Hinduistische Traditionen sehen auch die Lebensstadien unter spezifischen Anforderungen. In der Ausbildungszeit gelten andere Gesetze als in der Phase der beruflichen und familiären Konsolidierung, wieder andere im Alter, in dem man sich auf sein Sterben und den Tod vorbereitet, und im Letztstadium des Lebens, in dem man keine konkreten sozialen und religiösen Verpflichtungen mehr hat.[1] Das Grundübel ist die Unwissenheit, aus der sich alles weitere Fehlverhalten ergibt, insbesondere das Begehren, das allem menschlichen Handeln zugrunde liegt. Erlösendes Karma dagegen ist weder das Nichthandeln noch das Handeln, das mit dem Begehren von Gutem verbunden ist, sondern »ein Handeln ohne Begehren«. Nur dieses »Karma ohne Schatten«[2] verlängert nicht den Kreislauf von Geburt und Tod. Es gibt Karma aus dem vergangenen eigenen oder aus vergangenem Leben, das sich noch nicht bemerkbar macht, und anderes, das schon als Konsequenz konkreten Verhaltens zu erkennen ist, und wieder anderes, das sich in diesem oder einem künftigen Leben positiv oder negativ auswirken kann. Wir sind, so Swami Prabhavananda in seiner Vaterunser-Auslegung, »sogar für unseren eigenen Charakter verantwortlich, der sich als Folge unserer eigenen Gedanken- und Handlungsmuster so herausgebildet hat«.[3] Denn: »Wie ein Mann handelt, wie er sich verhält, so wird er werden.«[4] Je nach dem uns prägenden Karma wird unser Schicksal eher leid- oder freudvoll sein. Die Karma-Lehre, im Einzelnen höchst differenziert, kommt jedenfalls »ohne einen Gott aus«[5] und könnte von daher für säkulare Menschen von Interesse sein.

Auch der Buddhismus arbeitet mit dem Karma-Begriff, versteht ihn aber insofern anders, als er nicht mit einem sich wiederverkörpernden Selbst rechnet. Negatives Karma entsteht durch »Anhaften«, positives durch Freisein von Gier, Hass und Unwissenheit, wobei die Intention wichtiger ist als die vollzogene Handlung. Die buddhistische Ethik kennt konkrete Gebote wie: lebende Wesen nicht zu verletzen, allen lebenden Wesen freundlich und heilend zugewandt zu sein, dem Begehren keinen Raum zu geben, wahrhaftig zu sein, Rauschmittel zu vermeiden. Daraus ist ersichtlich, was als negatives *karma* zu stehen kommt. Aber auch positives Karma verlängert den Kreislauf der Geburten. Für Mönche und Nonnen gelten spezielle Regeln. Verstöße werden nicht »vergeben«, auch der Buddha kann nicht vergeben: Karma wirkt sich nach seinem eigenen Gesetz unerbittlich aus. Das Negative wird durch Askese und Versenkung transzendiert. Auch hier geht es »ohne Gott«. Positive Gefühle und Gedanken werden kultiviert. Michael von Brück verweist dazu auf einen Text aus dem frühen Buddhismus: »Wer Liebe entstehen lässt, / unermesslich, mit Bedacht – / dünn werden die Bande ihm, / der das Versiegen des Anhaftens schaut.«[6]

Sünde und Schuld

Glaube an einen personal verstandenen Gott profiliert das Schuldbewusstsein: Schuld wird zur Sünde vor Gott. Nach Auffassung des Alten Testaments / der Hebräischen Bibel hat sich das Volk Israel gegen seinen Gott versündigt, den Bund mit ihm gebrochen, weswegen es immer wieder zur Buße gerufen wird. Aber auch der einzelne Israelit steht im Konflikt mit seinem Gott. Das Hebräische kennt daher eine ganze Reihe von Begriffen für Sünde, die als Auflehnung gegen Gott, als Verfehlung des gebotenen Weges oder als blanke »Torheit« verstanden werden kann. Dem steht aber auch eine noch größere Zahl von Begriffen und Bildern gegenüber, mit denen die immense Vergebungsbereitschaft Gottes illustriert werden soll: Sünden werden zugedeckt, weggewischt, fortgeworfen, von Gott nicht mehr erinnert. Bis zur Zerstörung des Jerusalemer Tempels konnte die Vergebung von Gebots-Übertretungen erbeten werden durch Sündopfer, der Missbrauch von Heiligem durch Schuldopfer. Auch zwischenmenschliche Schuldverhältnisse waren im Blick: Alle sieben Jahre sollten angefallene Schulden erlassen, in jedem 50. Jahr die Sklaven befreit werden (Dtn 15,12-18; Lev 25,8-22).[7] Das nachbiblische Judentum kennt viele Möglichkeiten, Gottes Gebote zu übertreten, aber es sieht jeden Menschen in eigener Verantwortung. Es weiß um den bösen und den guten Trieb in den Menschen. Doch wenn »sie sich mit der Tora und guten Werken befassen, dann befindet sich ihr Trieb in ihrer Gewalt und nicht sie in der Gewalt ihres Triebes«.[8] Gottes Vergebung ist auf vielfache Weise zu erbitten – durch Liebeswerke, persönliche Opfer, Fasten, Gebete, die Lesung des Sch^{e}ma. Die Rabbinen lehrten: »Jeder, der sich mit Tora und Liebeswerken befasst, dem werden alle seine Sünden vergeben.«[9] Jeder Mensch hat die Möglichkeit, zum guten und geordneten Weg »zurückzukehren«; das ist das Geheimnis der Buße. Einer der Rabbinen meinte, man solle spätestens einen Tag vor seinem Tod die Umkehr vollziehen und daher, da man ja nicht wisse, wann man sterben werde, an jedem Tag. Der große Versöhnungstag beschafft nach rabbinischer Lehre »Sühne nur für die Sünden, die man Gott gegenüber begangen hat. Wenn man aber gegen einen Mitmenschen gesündigt hat, bringt der Versöhnungstag erst dann die Sühne, wenn man zuerst die Verzeihung von dem Mitmenschen erlangt hat.«[10] Für Juden ist völlig klar: Dem, der sich gegen mich versündigt hat, zu vergeben, ist die Voraussetzung dafür, dass Gott mir vergeben wird. »Vergib deinem Nächsten, was er dir zuleide getan hat, so werden auch dir deine Sünden vergeben, wenn du darum betest« (Sirach 28,2). Vergebung zielt auf Heilung und auf die Eröffnung von Zukunft, wie sie sich letztlich im Eschaton umfassend erfüllen wird.

Damit ist der Rahmen charakterisiert, innerhalb dessen die Vaterunser-Bitte um Vergebung der Schuld verstanden werden muss. Sie ist in zwei Varianten überliefert: Lukas verwendet den üblichen religiösen Begriff für »Sünden«, während Matthäus von »Schulden« spricht und dabei vielleicht eher an die Gesetze des Finanzwesens denkt; Geschuldetes muss zurückgegeben werden. Matthäus versteht den Vollzug der von uns den Schuldigern (Plural) gewährten Vergebung als Voraussetzung dafür, dass auch uns vergeben wird. Lukas dagegen formuliert präsentisch und sieht die von uns erwartete, bei ihm auf den einzelnen Mitmenschen bezogene Vergebung als gleichzeitig mit der Vergebung, die wir für uns erbitten. Die Differenzen könnten sich als unterschiedliche griechische Übersetzungen eines gemeinsamen aramäischen Textes erklären.

Die Bitte um Vergebung, die das Vaterunser den Glaubenden nahelegt, steht im Kontext zahlreicher Gleichnisse Jesu. Der seiner Schuld bewusste Pharisäer bittet: »Gott, sei mir Sünder gnädig!« und kehrt gerechtfertigt nach Hause zurück (Lk 18,10ff.). Der »verlorene Sohn« redet bei seiner Heimkehr den Vater an, wie es Jesus im Vaterunser empfiehlt, aber er fährt ganz anders fort: »... ich bin hinfort nicht mehr wert, dass ich dein Sohn heiße.« Er weiß, dass er keinen Anspruch auf Vergebung hat, und wagt gar nicht, um sie zu bitten (Lk 15,11ff.). Der »Schalksknecht«, dem sein Herr eine große

Schuld erlassen hat, handelt wider alles Erwarten seinen Schuldnern gegenüber nicht genauso, und darum endet es mit ihm böse (Mt 18,23ff). Vergebung zu erhalten und Vergebung zu gewähren gehört für Jesus wie für das Judentum insgesamt selbstverständlich zusammen. Die christlichen Konfessionen haben entweder die Bedingungslosigkeit der Vergebung oder die Notwendigkeit der Vorleistung betont. Klaus Berger urteilt kategorisch: »Zuerst müssen wir Schuld vergeben.« »Nur auf diese Vorleistung hin kann Gott reagieren.«[11] Luther, dem diese Behauptung elementar widersprochen hätte, interpretierte anders. Er fand, Jesus habe durch diesen Nachsatz »wie auch wir vergeben unsern Schuldigern« die Christen »mit einander verknüpft, so dass sie sich untereinander lieben«.[12] Ganz sicher wollte Jesus hier nicht zu einem kaufmännischen Handeln mit dem »Vater« einladen, sondern eine Selbstverständlichkeit benennen, vielleicht als »Selbsterinnerung« (J. Jeremias) für die Betenden, denen das Selbstverständliche oft nicht selbstverständlich ist. Immerhin ist aber der Nachsatz die einzige Stelle im Vaterunser, an der von menschlicher Aktivität geredet wird. Vielleicht ist, zu vergeben, das Einzige, was Menschen beitragen können – zur Heiligung des Gottesnamens, zum Kommen seines Reiches, zum Geschehen seines Willens.

In der Vaterunser-Bitte wird die Vergebung ebenso wenig wie in den Gleichnissen mit dem Geschick Jesu verbunden. Erst im Nachhinein, nach Jesu Tod, wurde den Glaubenden Leben, Leiden und Sterben Jesu, der sie das Vaterunser gelehrt, Sünde vergeben und Gottes Barmherzigkeit verkündigt hatte, zum Grund und Garanten der Vergebung Gottes, was sie dann rational zu sichern versuchten. Alttestamentliche

Opferauffassungen und prophetische Bildworte dienten als Vorstellungsmaterial, die Sündenvergebung auf vornehmlich das Leiden und Sterben Jesu zu beziehen. Das Vaterunser ist in der Lage, uns Jesus als die Gewähr der Barmherzigkeit Gottes vor Augen zu stellen, ohne dass wir uns mit scheinlogischen Argumentationen belasten müssten. Jesu Leben, Leiden und Sterben bleiben gleichwohl erkennbar als »für uns« geschehen und vollzogen »zur Vergebung der Sünden« (Mt 26,28; Mk 10,45; Joh 1,29). Dass er sich angemaßt hat, Sünde zu vergeben, war einer der Hauptgründe für seine Verfolgung und Hinrichtung.

Auch der Islam kennt die Bitte »vergib uns unsere Sünden«[13], aber sie steht nicht in der Mitte seines Glaubensverständnisses. Ihm gilt der Mensch zwar als schwach, aber doch als prinzipiell dazu frei, der Rechtleitung Allahs zu folgen. Sünde ist daher in erster Linie das bewusste und absichtliche Übertreten eines Gebots oder einer Rechtsvorschrift; sie kann freilich auch in der Nachlässigkeit bei der Befolgung der Gebote bestehen. Es gibt verschiedene Einteilungen von kleineren und größeren Sünden, die aber aufgrund von Reue, Buße oder Wiedergutmachung von Allah verziehen werden. Nicht vergeben werden können jedoch der Abfall vom Glauben und die »Beigesellung«, die Verehrung von Gottheiten neben Allah. Ansonsten kommt es darauf an, den Worten des Propheten zu folgen. »Sprich: Wenn ihr Gott liebt, dann folgt mir, so wird Gott euch lieben und euch eure Sünden vergeben. Und Gott ist voller Vergebung und barmherzig« (Sure 3,31). Wenn der Mensch einen Schritt zu Gott hin tut, macht Gott zwei zu ihm hin. »... gebt die Hoffnung auf die Barmherzigkeit Gottes nicht auf. Gott vergibt die Sünden alle (...)« (Sure 39,53) – außer den genannten. Ganz sicher kann sich der Gläubige der Vergebung aber nicht sein. Daher wird er sich bemühen, seinen Pflichten nachzukommen und gute Werke zu verrichten.

Alle Religionen wissen darum, dass Menschen gegenüber einander, vor allem aber auch gegenüber unverfügbaren Mächten schuldig werden. Ethnische Religionen können diese Mächte in Naturphänomenen manifestiert sehen, in den Hochreligionen werden sie apersonal oder personal gedacht. Nirgends scheint es eine überzeugende Antwort auf die Frage zu geben, woher die Verstrickung in einen Schuldzusammenhang kommt. Der Mythos von einem Sündenfall leistet nicht mehr, als dass er auf mythologische Weise die faktische Situation des menschlichen Ungehorsams beschreibt. Im Judentum und im Islam verbindet sich mit ihm nicht die Vorstellung einer dem Menschen als solchem anhaftenden Ursünde. Das Christentum versteht Sünde und Schuld nicht primär als Übertretung und Ungehorsam, sondern als einen von der Quelle des Lebens getrennten existenziellen Zustand, den der einzelne Mensch zwar nicht herbeigeführt hat, aber bejaht und durch sein Verhalten bestätigt. Die hinduistischen und buddhistischen Traditionen versuchen, dem Menschen seine karmische Verstrickung bewusst zu machen. Auf die Frage, woher die das Leiden gebärende Gier kommt, verweigert der Buddha die Antwort.

Alle Religionen bieten auch Hinweise darauf an, wie mit der Schuld umzugehen und wie sie zu bewältigen ist. Manche empfehlen ein bestimmtes kultisches oder ethisches Verhalten, andere erwarten die Hilfe von den unverfügbaren Mächten selbst; oft kommt es zu unterschiedlich gewichteten Mischformen aus Eigeninitiative und Gnadenerwartung. Das

Vaterunser schlägt etwas scheinbar sehr Einfaches vor: Lass dir die Schuld vergeben und vergib du, was du zu vergeben hast. Dabei muss man allerdings bereit sein, zur eigenen Schuld zu stehen und die Verantwortung für das eigene Handeln übernehmen. Das gilt für religiöse wie für säkulare Menschen.

SÄKULARE AUFFASSUNGEN VON SCHULD UND SÜNDE

Der »Sündenfall der theologischen Anthropologie«[14]

Niemand hat den Sündenbegriff der christlichen Theologie schärfer kritisiert als Friedrich Nietzsche. Durch ihn werde der Mensch kleingemacht und seiner Würde beraubt. »Zerknirschung, Entwürdigung, Sich-im-Staube-wälzen«, das sei für Gott »die erste und letzte Bedingung, an die seine Gnade sich knüpft: Wiederherstellung also seiner göttlichen Ehre!«[15] Diese Kritik kann dann ins Polemisch-Journalistische heruntergebrochen werden: Den Menschen als »Sünder« zu definieren, sei »eine unverschämte Verächtlichmachung des Menschen mit einem starken Hang zur Misanthropie«. Die »Verkrümmungen, Minderwertigkeitsgefühle, Schuldgefühle, religiösen Neurosen, die Jenseitsängste und Höllenfurcht, die ein solches Menschenbild über Jahrhunderte verursachte«, könne man »vielleicht als das größte Verbrechen einer Kirche ansehen (...).«[16]

Dass in Predigt und Seelsorge auch mit einem theologisch reflektierten Sündenbegriff Missbrauch getrieben wurde, soll nicht bestritten werden. Doch ist dem entgegenzuhalten, dass die Rede von »Sünde« jedenfalls in den reformatorischen Kirchen keinen eigenen Stellenwert hat, sondern von vornherein in der Perspektive von Vergebung und Rechtfertigung steht. Im Übrigen haben die Reformatoren keineswegs die kulturelle und moralische Leistungsfähigkeit des Menschen als solche in Frage gestellt. Es ging ihnen aber um deren Bedeutung und Geltung vor Gott. Die so genannte »Erbsünde« wird natürlich in diesem Zusammenhang zum Thema. Keine Religion habe einen so aufgeblasenen Sündenbegriff wie das Christentum![17] In der Tat sieht der christliche Glaube die Schuldverfangenheit und zugleich Verantwortlichkeit des Menschen wohl tiefer als andere Religionen. Das ist der Preis für die Erkenntnis, dass der einzelne Mensch zusammen mit einer sich selbst zerstörenden Menschheit vor seinem ihn fordernden und ihn rettenden Gott steht. Das Christentum macht das Böse nicht böser, sondern es lässt das Böse in seiner vollen destruktiven Kraft erkennen. Was das missverständliche Wort »Erbsünde« meint, ist an der unentrinnbaren Schuldverflochtenheit einer sich als global entdeckenden Menschheit gut zu illustrieren. Nach Max Horkheimer handelt es sich bei der »Erbsünde« um ein Dogma, von dessen Bestätigung man täglich in der Zeitung lese.[18] Der Religionskritiker Heinz-Werner Kubitza behauptet, die Theologie habe »mit ihrem Sündenwahn den Blick auf den Menschen verstellt«.[19] Man kann das auch anders sehen. Der Meditationslehrer Karlfried Graf Dürckheim findet: »Die Verstellung des Seins gipfelt im Wahn des Menschen, ›autonom‹ geworden zu sein und das Leben aus eigener Kraft bewältigen und mit Sinn erfüllen zu können. (...) Doch das Leiden an der Entfremdung vom Sein kann zu einem Medium werden, in dem das Sein sich eines Tages auf dem Hintergrund der dunklen Wahn-Wand leuchtend abzeichnet.«[20] Es hat keinen Sinn, sich gegenseitig des Wahns zu verdächtigen. Es gibt nur den Weg, sich auf die Prozesse einzulassen, die durch die negativen und positiven Erfahrungen mit Leid und Schuld ausgelöst werden.

Wahrnehmung von Schuld

Das Wort »Sünde« kommt als ernst zu nehmender Begriff im Vokabular des sich areligiös verstehenden säkularen Menschen nicht mehr vor. Das Wort »Schuld« spielt für ihn weithin keine Rolle. »Schulden« sind im finanziellen Bereich wichtig. Eine Zeit lang schien es günstig, Schulden zu haben. Wenn aber Schulden zurückgezahlt werden müssen, bedarf es gegebenenfalls einer Schuldenberatung. In moralischer Hinsicht ist das Adjektiv »schuldig« noch nicht gänzlich ausgestorben. Viele Menschen wissen noch, was sie anderen schuldig sind oder doch wären – Liebende einander, Eltern den Kindern, Bürger dem Staat. Viele kennen auch ihre Verantwortlichkeit oder lassen sich wenigstens an sie erinnern. Der Philosoph Hans Jonas entfaltet das von ihm so bezeichnete »Prinzip Verantwortung«, ohne metaphysische oder religiöse Argumente zu bemühen.[21] Säkulare Menschen können geltend machen, dass sie keineswegs unentwegt schuldhaft handeln, sondern vielerlei Gutes tun, sich einsetzen für Arme und Entrechtete und gegen Ausbeutung und Gewalt. Sie können darauf hinweisen, dass sich im Blick auf ein moralisches Verhalten areligiöse von religiösen Menschen kaum unterscheiden. Man kann »gut sein ohne Gott«[22]. Doch hat man tatsächlich etwas versäumt oder versehen, löst das im Allgemeinen keine großen inneren Probleme aus, obwohl die Menschen hier durchaus unterschiedlich sensibel reagieren. Kavaliersdelikte sind en vogue. Der Unterschied zwischen »legal« und »legitim« scheint zu schwinden. Solange man sich nicht gesetzlich Verbotenes hat zuschulden kommen lassen, darf man sich als unschuldig betrachten. Wie eng oder weit man hier die Maschen des Gesetzes zieht, irgendwie wird man sie spüren. Selbst einem vergleichsweise nicht besonders anspruchsvollen »Gentleman-Ideal« (Joachim Kahl) will Folge geleistet sein. Der Psychologe Alexander Lowen urteilt: Wir sind »Gott ähnlich geworden, und können zwischen richtig und falsch, gut und böse unterscheiden. Dieses Wissen ist das Kreuz, das wir tragen, das Bewusstsein von uns selbst, das uns unsere Spontaneität und Unschuld raubt.«[23] Die Wahrnehmung eigener Schuld kann einen auch regelrecht überfallen. Vaclav Havel, der spätere Präsident der Tschechischen Republik, schreibt an Olga: »... meinem Versagen verdanke ich, dass ich zum ersten Mal im Leben – wenn mir ein solches Beispiel erlaubt ist – unmittelbar im Arbeitszimmer des lieben Gottes selbst stand (...) ... niemals vorher hörte ich so aus der Nähe seine vorwurfsvolle Stimme, niemals vorher stand ich vor ihr in so tiefer Verlegenheit, so mit Schande bedeckt und verwirrt (...).«[24] Plötzlich kann sich eine letzte Instanz melden und Rechenschaft fordern. Letztlich können wir unsere Maßstäbe, woher auch immer sie kommen mögen, nicht verleugnen.

Umgang mit Schuld

Wird man eigener Schuld gewahr, kann das ein schlechtes Gewissen auslösen oder Schuldgefühle verursachen. Mit Sigmund Freud bekommt die Frage nach Schuld eine neue Perspektive. Es geht primär nicht mehr um Schuld, sondern um Schuldgefühle. Man weiß nun auch, woher sie kommen: Es ist das Über-Ich, aus dessen Fängen man sich befreien muss. Neben dem Therapeuten können dabei weitere rationale Überlegungen helfen: Kein Mensch ist vollkommen. Die Hirnforschung hat die Problematik der Schuldfähigkeit aufgezeigt. Sozialisation und vielerlei Umstände können die Situation kompliziert gemacht haben. Konflikte gibt es nicht nur zwischen Menschen, sondern auch in der außermenschlichen Kreatur. »Der Wolf zerreißt das Schaf, die Katze erwürgt den Vogel – sind das böse Handlungen? Und wenn dieses böse Handlungen sind, so sitzt Gott zu Gericht über den Wolf, und über die Katze und jedes wilde Tier?« So fragt einer der Protagonisten in einer Erzählung von Leo N. Tolstoj, womit dann auch gleich die Vorstellung eines göttlichen Gerichts ad absurdum geführt ist.[25]

Trotz aller naheliegenden und weitgehend auch berechtigten Entlastungsmöglichkeiten lässt sich nicht bestreiten, dass es Schuld gibt, im persönlichen, im sozialen und im politischen Bereich. Unglaubliche Verbrechen wurden und werden von Menschenhand in Gang gesetzt. Justiziable Schuld festzustellen und auf sie zu reagieren ist zunächst die Aufgabe der Justiz, seit Ende des Zweiten Weltkriegs bis hin zum Internationalen Strafgerichtshof in Den Haag. Wie aber geht der Einzelne mit der von ihm erkannten Schuld um, sofern er sich nicht mit psychologischen oder sonstigen rationalen Argumenten über sie hinwegsetzen kann?

Ein langfristig kaum befriedigender Weg besteht darin, die Schuld bei anderen Menschen oder jedenfalls an anderer Stelle als bei sich selbst zu suchen. Sind oder waren die Verhältnisse schuld, die besonderen Umstände? Muss man letztlich die Gesellschaft haftbar machen, die Medien? Es kann zu einem regelrechen »Beschuldigungsmechanismus« (Thomas Bernhard) kommen, der aber nur neue Probleme schafft, ohne die alten zu lösen. In diesem Rahmen verfestigt sich rasch die Vorstellung, die »anderen« seien einem ohnehin etwas schuldig, einzelne Personen ebenso wie auch Institutionen. Dann prüft man, was ein bestimmter Mensch, etwa ein Politiker oder ein Handwerker, was eine Versicherung, die Schule, der Staat zu leisten schuldig ist.

Radikal entgegengesetzt ist der Versuch, alle Last ganz und gar auf sich selbst zu konzentrieren. Hermann Hesse beschreibt in diesem Sinn in seinem Roman »Der Steppenwolf« einen verzweifelten Menschen, der von sich sagt, er wisse wirklich, was der Begriff »Schuld« bedeute: »Indem eine Mutter mich geboren hat, bin ich schuldig, bin ich verurteilt zu leben, bin verpflichtet, einem Staat anzugehören, Soldat zu sein, zu töten, Steuern für Rüstungen zu bezahlen. Und jetzt, in diesem Augenblick, hat die Lebensschuld mich wieder, wie einst im Kriege, dazu geführt, töten zu müssen. Und diesmal töte ich nicht mit Widerwillen, ich habe mich in die Schuld ergeben, ich habe nichts dagegen, dass diese dumme, verstopfte Welt in Scherben geht, ich helfe gerne mit und gehe gerne selber mit zugrunde.«[26] Es könnte wie ein Selbstgespräch des Piloten klingen, der 2015 in den südfranzösischen Alpen ein Flugzeug mit sich und 149 Passagieren zum Absturz brachte.

Da empfiehlt sich dann doch eher der dritte Weg, nämlich sich die eigene Schuld einzugestehen und sie sich selbst zu verzeihen, sich mit sich selbst zu versöhnen, sich selbst Freund zu werden. Zahlreiche Ratgeber empfehlen das, und als Zielvorstellung ist es ja in der Tat berechtigt. Es führt jedenfalls weiter, als irgendwie kompensieren zu wollen und sich um Selbstoptimierung zu bemühen. Neuerdings gibt es die Devise der »Selbstrechtfertigung«. Die Psychologie mag bei all solchen Bemühungen helfen. Welche Funktion kann in diesem Umfeld die Vaterunser-Bitte gewinnen: »Vergib uns unsere Schuld, wie auch wie vergeben unseren Schuldigern!«?

EINANDER VERGEBEN UND VERGEBUNG ERFAHREN – EIN MENSCHHEITS-TRAUM

Es dürften nur wenige Menschen sein, die sich ständig als Sünder fühlen und mit einem permanent schlechten Gewissen durch ihren Alltag gehen. Das gilt auch für Christinnen und Christen. Von einer »Sündekultur« (Jan Assmann / Klaus-Peter Jörns) kann in den westlichen, christlich geprägten Gesellschaften keine Rede sein. Das mag einerseits daran liegen, dass Religion für viele nur eine geringe oder gar keine Bedeutung hat, andererseits aber auch darin seinen Grund haben, dass die Verkündigung der Liebe Gottes zum Sünder und die Rechtfertigung des Gottlosen sich doch auch weithin durchgesetzt hat. Ich halte es daher nicht für sachgemäß, dass evangelische Gottesdienste oft mit einem Sündenbekenntnis beginnen, und es kommt mir absurd vor, wenn harmlose Mönche und Nonnen täglich mehrmals um Vergebung ihrer Sünden bitten. Ein von Herzen kommendes »Kyrie eleison« wird um Erbarmen für die ganze friedlose Welt bitten. Doch außerhalb der konkreten Not- und Verzweiflungs-Situation kann die Bitte um Erbarmen deplatziert wirken.

Entfremdungsbewusstsein

Trotzdem gibt es für Glaubende wie für Nichtglaubende ein Entfremdungsbewusstsein, das sich unerwartet melden kann. Ich bin mit anderen und auch mit mir selbst nicht einverstanden. Es läuft nicht rund. Ich tue nicht, was ich letztlich will, und ich tue, was ich eigentlich nicht will (Röm 7,15), und manchmal weiß ich nicht, was ich will. Ich stelle fest, dass es anderen genauso geht, und wir reiben uns gegenseitig an unserer Begrenztheit auf. Versündige ich mich damit gegen meine Mitmenschen, gegen mich selbst oder gegen das Leben? Ich habe einen Schaden angerichtet und kann meine Schuld nicht rückgängig machen, ich bin nicht wirklich bei mir zuhause. Das ist keineswegs immer so. Manchmal spüre ich auch eine große Dankbarkeit in mir aufsteigen dafür, dass ich lebe, dass ich da sein darf, aber daraus wird rasch eine Verpflichtung. Ich fühle mich verantwortlich, schließlich mitverantwortlich für vieles, wofür ich tatsächlich nicht zuständig bin. Aus den verschiedenen echten oder eingebildeten, beanspruchten Zuständigkeiten entstehen Konflikte. »Alle denken an sich, nur ich denke an mich.« Ich kreise um mich selbst – in mich selbst verkrümmt, aber meine Partner sind ebenfalls in sich selbst verkrümmt. Wir versuchen, uns füreinander und für Fernerstehende zu öffnen, aber es will nicht recht gelingen. Irgendetwas stimmt nicht. Haben wir etwas falsch gemacht oder sind wir so konstruiert, dass wir nicht alles richtig machen können? Mythologien reden hier von Sündenfall oder karmischer Verstrickung. Der Philosoph meint behaupten zu können, dass das Schuldigsein nicht aus einer Verschuldung resultiere, sondern umgekehrt: Die Verschuldung werde »erst möglich ›auf Grund‹ eines ursprünglichen Schuldigseins«.[27]

Entfremdende Tat

Lange Zeit wurde unter »Sünde« die einzelne Übertretung eines göttlichen Gebots verstanden; daher auch die häufige Rede von »Sünden« im Plural. Auch die Lukas-Fassung der Vaterunser-Bitte legt dieses Missverständnis nahe. Carl-Friedrich von Weizsäcker macht dagegen geltend: »Das naiv-moralistische Verständnis der Sünde als Verletzung des Gebots verbirgt den anthropologischen Gehalt dieser Lehre.«[28] Doch hat er ebenso recht, wenn er an anderer Stelle gerade den Blick auf die einzelne schuldig machende Tat verweist und sie als den »Wecker« bezeichnet, der einen daran hindert, weiter schlafen zu können und den man daher nicht aus dem Fenster werfen sollte.[29] Gerade an der konkreten Schuld kann einem schlagartig aufgehen, wer man eigentlich ist und was man eigentlich ändern sollte. Daher ist es nicht abwegig, sich selbstkritisch danach zu fragen, was etwa man versäumt oder an Schaden angerichtet haben mag. In der christlichen Seelsorge dient dem die reflektierte systematische Gewissenserforschung. Sowohl das Evangelische Gesangbuch als auch das katholische »Gotteslob« enthält dazu Anleitungen. Wenn nicht konkretes Verschulden erkennbar wird, kann auch Vergebung kaum erfahrbar werden.

Vertrauendes Geständnis

Ich hatte beruflich mit einem Juristen zu tun, zu dessen Aufgaben es gehörte, NS-Verbrechen aufzuklären. Er berichtete, selbst darüber erschüttert, wie schwer es den Angeklagten gefallen sei, ihre Vergehen zu gestehen, wie erleichtert sie aber gewesen seien, wenn es ihnen schließlich doch gelungen war. Es ist sicher ein psychologisches Gesetz, dass es Erleichterung verschafft, wenn man Schlimmes aus der eigenen Biographie nicht verdrängen muss, sondern dazu stehen kann. Es ist zugleich etwas, das das Geheimnis der Beichte ausmacht. Interessant ist, dass nicht nur das Christentum die Beichte kennt. Bereits in schriftlosen Religionen wurde das öffentliche Aussprechen von Vergehen geübt. Im Hinduismus gibt es Sühnezeremonien, die der Beichte nahestehen, freilich oft eher magisch wirken sollen. Besonders eindrucksvoll ist die regelmäßig geübte Beichtpraxis buddhistischer Mönchen und Nonnen: Die Mönche (bzw. Nonnen) sitzen einander in meditativer Gefasstheit gegenüber, erinnern zunächst für sich selbst ihre ihnen bewussten negativen Taten. Indem sie ihre Verstöße (z.B. gegen die Ordensregel) bekennen, werden sie ihnen verstärkt bewusst. Zugleich aktiviert sich ihr Entschluss, sie künftig zu vermeiden.[30] Der Religionswissenschaftler Jes P. Asmussen nennt die Beichte regelrecht eine »Menschheitsinstitution«.[31] Martin Luther, der die Einzelbeichte dringend empfohlen hat, wandte sich gleichwohl gegen die spätmittelalterliche Beicht-Theologie, weil sie als Voraussetzung für die Vergebung das wörtliche Bekenntnis, die echte Reue und ein wiedergutmachendes Werk forderte. Psychologisch gesehen sind diese drei Elemente aber für die subjektive Bewältigung von Schuld durchaus hilfreich.

Vertraute Gemeinschaft

Wo ein Mensch dem andern seine Schwächen eingestehen oder sogar zeigen kann, entsteht Gemeinschaft. Dann muss nicht mehr jeder sich selbst behaupten oder gar den anderen zu übertrumpfen suchen. Dichter wissen das an der Liebe zu illustrieren. Wohl erprobe sich die Liebe in der Treue, schreibt Werner Bergengruen, »aber sie vollendet sich in der Vergebung«.[32] Dies gilt wohl für jede Gemeinschaft. Martin Luther illustriert es, wie bereits oben angedeutet, an der christlichen Gemeinde: Jesus habe die Bitte um Vergebung durch Gott mit der von uns erwarteten Vergebung verbunden, um die allesamt schuldigen Christen miteinander zu »verknüpfen«. »Es geht da brüderlich und lieblich zu, der eine enthüllt dem andern seine Krankheit und der andere heilt diesem seine Wunden.«[33] Dabei kann sich mehr ereignen als gegenseitige Vergebung. In ihr kann sich ein Heil-Sein melden, das als etwas Tieferes erlebt wird denn als psychische Balance oder gelungene Mediation. Der christliche Glaube nennt es Gottes Vergebung oder »Rechtfertigung«. Es ist unverfügbar und doch erlebbar. Noch einmal Luther: Ich kann dir den Glauben nicht geben, aber ich kann dir die Vergebung ansagen und zusprechen: »Glaubst du es, so hast du es!«[34]

Lebenszuversicht

Wo Vergebung geübt und erfahren wird, entsteht neuer Lebensraum. Der Mechanismus von Aktion und Reaktion wird ins Positive umgepolt. Unerwartete Energien brechen sich Bahn. Die isolierte Rede von Vergebung hat darin ihre Grenze, dass sie sich allein auf die Beseitigung von Schuld zu beziehen scheint. Es geht aber um mehr, um Erneuerung, Neuansatz, Neustart, neue Lebensqualität. Auch die Tatsache, dass es sich dabei um prozessuale Vorgänge handelt, kommt in dem kurzen »vergib!« nicht zum Ausdruck. Vergebung ist ein Versprechen, das ich einem anderen gebe oder das ich von ihm erhalte: Es geht um unser künftiges Zusammensein. Wir wollen nun in konstruktiver Gemeinsamkeit miteinander leben. Vergeben zu können ist ein wunderbares Geschenk. Es macht frei, lässt aufatmen, eröffnet eine Weite, die durch keinen Horizont mehr eingeschränkt ist. Die landläufige Vorstellung war wohl bisher: Erst müsse man sein Verhältnis mit Gott in Ordnung bringen und ihn um Vergebung bitten, und daraus werde dann die Kraft erwachsen, auch den »Schuldigern« ihre Schuld zu erlassen. Das mag durchaus von manchen Menschen so erlebt werden. Heute läuft es aber wohl für viele umgekehrt: Indem ich vergebe und Vergebung erlange, erschließt sich mir, worin eine Vergebung bestehen könnte, die über die Heilung zwischenmenschlicher Zerwürfnisse hinausgeht. Theologisches Argumentieren mit der unendlichen Liebe Gottes oder mit dem stellvertretenden Tod Jesu mögen für manche Christen als Medien der Botschaft von der Vergebung dienen. Im Grunde aber ist Argumentation entbehrlich, wenn sich der Himmel der Vergebung auftut.

OHNE VERSUCHUNG LEBEN?

»Führe uns nicht in Versuchung« – diese Bitte empfinde ich als die merkwürdigste des Vaterunsers. Sie hat sich mir erst langsam erschlossen. Hat, nicht in Versuchung zu geraten, wirklich dasselbe Gewicht wie »Reich Gottes«, tägliches Brot, Schuld und Erlösung vom Bösen? In der Lukas-Überlieferung endet das Vaterunser sogar mit dieser Bitte, und sie gewinnt damit noch einmal mehr Bedeutung. Grammatikalisch unterstreicht die im griechischen Urtext gewählte Form der intensiven Verneinung, dass die hier genannte »Versuchung« tief ernst genommen sein will. Habe ich eine solche Versuchung nur eben selbst noch nie erlebt? Kann überhaupt nur ein religiöser Mensch erfassen, wovon hier die Rede ist? Worin würden Versuchungen für säkulare Zeitgenossen bestehen, wenn man nicht gleich an Banales denkt?

VERSUCHUNG – RELIGIÖS INTERPRETIERT

Auch für einen religiösen Menschen gibt es Versuchungen, die ihm freilich als vergleichsweise unerheblich erscheinen können. Er fühlt sich vielleicht versucht, die ihm vertrauten Vorschriften zu übertreten, die von ihm geforderten Riten nicht zu erfüllen, einen Vorsatz zu Askese nicht durchzuhalten. Im Rahmen einer archaischen ethnisch geprägten Religiosität wirken sich derartige Versuchungen als belastend aus. In denjenigen Religionen, die grundsätzlicher und abstrakter denken, kann sich das Wissen um die eigene Versuchlichkeit zu einem Gefühl permanenter Überforderung verdichten.

Permanenter Kampf

Hindus und Buddhisten fragen weniger nach der einzelnen Versuchung als nach der Beschaffenheit der Wirklichkeit, die in ihrer Gesamtheit als verblendet und verblendend eingeschätzt wird. Ist nicht, fragt Swami Prabhananda, »das ganze Universum eine einzige riesige Versuchung?«[1] Die Welt begegnet nicht anders denn als Maya, als Täuschung, Illusion. Im Reich der alles verschleiernden Täuschung wird der Mensch versucht sein, sich einzelnen Leidenschaften hinzugeben und Böses zu tun. Aber auch wenn er sich um Gutes bemüht, bleibt er noch dem Bereich der Maya verhaftet. Er steht im permanenten Kampf mit dem Nicht-Erkennen der wahren Wirklichkeit. Die Verzweiflung des Arjuna, einer Leitfigur in der Bhagavadgita, besteht darin, dass er, zwar auf der Seite der gerechten Pandavas stehend, unter seinen Gegnern eigene Familienmitglieder entdeckt, die er auf keinen Fall töten will. Seine Seele ist »auf tragische Weise in sich selbst gespalten«.[2] Krishna belehrt ihn: Es gelte, weder guten noch unguten Früchten des Handelns anzuhaften. »Zufrieden mit dem, was ihm zufällt, / die Gegensätze hinter sich lassend, neidlos, / gleichmütig bei Erfolg und Versagen, / wird er nicht karmisch gebunden, selbst wenn er handelt.«[3] Die große und eigentliche Versuchung für den Menschen besteht also darin, dass er von seinem Versagen und von seinen Erfolgen nicht loskommen kann und das auch gar nicht will. Im Alltag allerdings gelten eher die Regeln der Familie und der Kaste, die nicht übertreten werden dürfen. Hier kommt dann Rama, eine Inkarnation Vishnus, als Vorbild zur Geltung, weil er der Versuchung, sie zu durchbrechen, widerstand. Im Internet fand ich die folgende hinduistische Paraphrase der 6. Vaterunser-Bitte: »Lass uns nicht durch den Missbrauch unserer gottgegebenen Vernunft in die Grube des Irrtums fallen. Wenn es aber dein Wille ist, o Geist, uns zu prüfen, so mache Dich selbst verlockender als alle Versuchungen« (Paramanahansa Yogananda, 1893-1952).

Auch für Buddhisten liegt die Welt als ganze im Argen, im *samsara.* Doch wissen sie die einzelne Versuchung konkreter zu benennen. Mara, der Gott-Dämon der Lust und des Todes, war es, der bereits den Buddha daran hindern wollte, zur Einsicht in die Vier Edlen Wahrheiten zu gelangen. Zuerst bestürmte er ihn mit einem Heer von Kriegern, deren Waffen sich aber alsbald in Blumen und Girlanden verwandelten. Dann versuchte es Mara damit, im Buddha Zweifel an sich selbst auszulösen. Der Angefochtene blieb standhaft und bezeugte seine unerschütterliche Buddhaschaft, indem er mit den Fingerspitzen der rechten Hand die Erde berührte und so ihr Zeugnis anrief und erhielt. Schließlich mussten die »32 Verführungskünste der Frauen« als Mittel der Versuchung aufgeboten werden – der Buddha hielt durch.[4] Doch auch als das Erwachen des Buddha sich vollzogen hatte, versuchte es Mara erneut: Er wollte den Erwachten davon abhalten, seine Erkenntnis an andere Menschen weiterzugeben und das Rad der Lehre in Bewegung zu setzen. Es gelang ihm nicht. Damit sind zugleich die Versuchungen benannt, die den praktizierenden Buddhisten zu schaffen machen können: das brutale Unglück, der Selbstzweifel und die Sinnlichkeit. Dabei gilt die Sexualität nicht selbst als gefährdend; sie wird vielmehr als die intensivste Form des »Anhaftens« verstanden.

Die einzelne Attacke

Die Bibel ist voll von Versuchungsgeschichten. Schon die erste ist voller Rätsel. Wer oder was ist die Schlange, von der Eva sich hat verführen lassen? Wieso hat Eva – und dann auch Adam – der Versuchung nicht widerstanden? Worin überhaupt besteht die Versuchung, von der hier erzählt wird (Gen 3,1-7)? Die Geschichte vom »Sündenfall« wird heute als eine so genannte »ätiologische Legende« verstanden; d.h. sie will die Ursache einer bestimmten Situation bestimmen oder mindestens beschreiben. In der Welt sieht es böse aus – woher kommt das? Aber die Antwort bleibt offen. Die Schlange ist später als der Teufel gedeutet worden. Doch als die Geschichte sich formierte, gab es im alttestamentlich-hebräischen Denken noch keinen Teufel. Worin bestand die Versuchung? Das Versprechen der Schlange lautete: »sein wie Gott und wissen, was gut und böse ist« (Gen 3,5). Mehr sein wollen als das, was man ist, und, Gott gleich, wissen wollen, was gut und böse ist, bleibt ein Grundmotiv menschlicher Versuchung. Judentum und Islam haben jedoch aus der »ersten Sünde« nicht auf eine »Erbsünde« geschlossen.

Die nächste große Versuchungsgeschichte in der Bibel ist »Isaaks Opferung« (Gen 22,1-19). Gott selbst führt in die Versuchung, fordert Abraham heraus, stellt ihn auf die Probe. Er mutet ihm die schreckliche Tat schließlich nicht zu und schickt ihm gerade noch rechtzeitig einen Widder zur Opferung. Die Geschichte gilt heute religionsgeschichtlich als ein später Beleg des Übergangs vom Menschen- zum Tier-Opfer. »Lobrede auf Abraham« (Kierkegaard)? Niemals. Zahllose Väter und Mütter mussten heiß geliebte Kinder »opfern« – einer Krankheit oder in einem absurden Krieg. Versuchung durch Gott selbst? Ein unerträglicher Gedanke; da legt sich die Antwort des Hiob-Buches schon näher: Satan ist es, der den Glauben Hiobs erprobt; Gott überlässt ihm die Möglichzeit dazu. Die Figur des Satans war inzwischen aus dem Iran in das Denken Israels eingewandert – und löste nur neue Fragen aus. Schon Abraham hatte nach rabbinischer Auslegung zehn Versuchungen zu überstehen gehabt. Gerade der Gerechte, so wird in den Psalmen geklagt, muss viel leiden. So viel war jedenfalls klar: Hinter »Versuchungen«, ob sie nun durch Gott selbst oder in seinem Auftrag durch den Satan ausgelöst wurden, stand ein Ziel: Gott will den Glauben prüfen und damit stählen und stärken. Warum dann die Bitte: »Führe mich nicht in Versuchung!«?

Im Neuen Testament wird Jesus selbst zum Inbegriff eines versuchlichen und versuchten Menschen. Der Teufel kann an ihn herantreten und ihn zu verführen suchen mit dem Vorschlag, dem Hunger als einem elementaren Bedürfnis nachzugeben, unbeschränkte Macht auszuüben und sich über die Grenzen des Gegebenen hinwegzusetzen (Mt 4,1-11). Hat Jesus an seine eigenen Versuchungen gedacht, als er die Jünger die sechste Vaterunser-Bitte lehrte? Konnte er voraussehen, dass in Gethsemane und am Kreuz eine auch für ihn kaum erträgliche Versuchung auf ihn zukommen würde? Dass sie sich schließlich Bahn brechen sollte in dem Schrei: »Mein Gott! Warum hast du mich verlassen?« Im Neuen Testament werden Linien des Alten Testaments / der Hebräischen Bibel ausgezogen: Anfechtungen dienen dazu, dass der Glaube »echt und viel kostbarer befunden werde als das vergängliche Gold, das durchs Feuer geläutert wird (...)« (1 Petr 1,7). Schließlich steht die große, letzte Herausforderung am Ende der Tage erst noch bevor.

Die im Koran beschriebenen Versuchungen klingen dem allem gegenüber vergleichsweise harmlos. Zwar wird auch dort Adam von Iblis, dem Teufel, versucht, der seinerseits, ursprünglich ein Engel, den Fall gleichsam vorweggenommen hatte. Adam (und mit ihm Eva) fällt. Aber das ist nicht tragisch; er muss eben wieder aufstehen. Er konnte das; denn Allah »wandte sich ihm zu und leitete (ihn) recht« (Sure 20, 120-122; 2,35-37). Abraham wird zugemutet, seinen Sohn zu schlachten; Vater und Sohn sind bereit, sich in den Willen Allahs zu ergeben – »die offenkundige Prüfung« (Sure 37,101-106). Auch ihm wird das Opfer erspart. Versuchungen Muhammads werden verschiedentlich angedeutet (Sure 20,130;

94). In gewisser Weise könnte man die beiden letzten Verse der ersten Sure als Bitte um Verschonung von Versuchung verstehen: »Führe uns den geraden Weg, den Weg derer, die Du begnadet hast, die nicht dem Zorn verfallen und nicht irregehen.«

Zeigen alle diese mythologischen Schilderungen, dass es »Versuchung« im Grunde nur für religiöse Menschen gibt und dass säkulare Zeitgenossen sich dafür nicht zu interessieren brauchen?

VERSUCHUNG ALS MENSCHLICHE GRUNDERFAHRUNG

Die Möglichkeiten, eine Versuchung zu erleben oder ihr zu erliegen, haben eine große Spannweite – von der »zartesten Versuchung, seit es Schokolade gibt«, bis zu dem in Verzweiflung versuchten Suizid. Neben der banalen Ambivalenz des Versuchens und Versuchtwerdens können sowohl Religion und religiöser Extremismus als auch radikaler Hedonismus und Nihilismus zu existenzieller Versuchung werden. Lässt sie sich nur formal beschreiben, weil ihre möglichen Inhalte zahllos sind? Gehört die Unbestimmbarkeit von Versuchung zu ihrem Wesen? Was hat Jesus mit der sechsten Vaterunser-Bitte gemeint?

Unverzichtbar und begrüßenswert

Das Wort »versuchen« muss nicht unbedingt negativ verstanden werden. Ohne die Lust, etwas zu versuchen (und dabei ggf. Versuchungen in Kauf zu nehmen), gibt es keine menschliche Entwicklung. »Ich lebe mein Leben in wachsenden Ringen, die sich über die Dinge ziehn. Ich werde den letzten vielleicht nicht vollbringen, *aber versuchen will ich ihn*« (Rainer Maria Rilke). Das Leben selbst muss versucht werden. Kinder leben von einem bestimmten Alter an mit der Versuchung, ihre Grenzen auszutesten, dann auch Heranwachsende und schließlich ebenso Erwachsene. Hohes Alter mag in gewisser Weise dadurch charakterisiert sein, dass man nichts mehr versucht und dass keine Versuchung mehr reizt. Versuchung kann als etwas durch und durch Positives verstanden werden. Die großen technischen und wissenschaftlichen Fortschritte der Menschheit sind Ergebnis von teilweise waghalsigen Versuchen mutiger Menschen. Versuch und Versuchung sind unumgänglich. Die Versuchung der Schlange war notwendig. Im deutschen Idealismus wird der Sündenfall häufig positiv gedeutet: Er war die »glücklichste und größte Begebenheit in der Menschheitsgeschichte«, so Schiller, denn nun habe die Freiheit ihren Lauf beginnen können.[5] Andernfalls hätte der Mensch im Reich der Instinkte, im Paradies – dem Tiergarten – verbleiben müssen. Schon im Mittelalter konnte man die Funktion der Versuchung darin sehen, dass der Mensch »lerne, was er nicht weiß«.[6] Naturwissenschaftliche Versuche – »Experimente« – haben diesen Ansatz reichlich erprobt und bestätigt. Was soll dann die Bitte: »Führe uns nicht in Versuchung?« Ihr Anliegen kann doch wohl nicht sein, wie Schopenhauer mutmaßte: »Lass' es mich nicht sehn, wer ich bin!«[7]?

Auch in religiöser Hinsicht kann die Versuchung positiv bewertet werden. Sie bewährt und stärkt den Glauben. Nach Martin Luther macht sie den Glaubenden zum rechten Theologen.[8] Sie gewinnt damit für die Theologie geradezu – den Naturwissenschaften vergleichbar – »wissenschaftstheoretische Relevanz« (Oswald Bayer). Luther geht es dabei allerdings nicht um vordergründige Versuchungen, etwa ein Gebot zu übertreten, sondern um die Anfechtung, die einen Glaubenden in Verzweiflung zu stürzen vermag. Trotzdem findet er, keine Anfechtungen zu haben sei gefährlich. Man solle sich, wenn sie einem fehlten, »Anfechter« um teures Geld kaufen.[9] In heutiger Sprache ausgedrückt: Leidensdruck kann einen Menschen der Lösung seiner Probleme näher bringen. Gleichwohl sehnt sich natürlich niemand nach inneren oder äußeren Schwierigkeiten.

Banal und gefährlich

Religiöse wie areligiöse Menschen kennen neben der Lust am Risiko die Banalität der Versuchung, die durchaus gefährlich werden kann. Eine prominente Stellung hat dabei immer noch die Sexualmoral. In einem Song der Kastelruther Spatzen bittet eine Frau nachdenklich: » ... führe mich nicht in Versuchung, / Du bist schon ganz nah dran (...) / Alle unerfüllten Träume sind / viel stärker als ein Wort im Wind, / drum führe mich nicht in Versuchung, / und lass' der Liebe Zeit, / Was wär' eine Nacht ohne Morgen, / wenn die Lüge nur bleibt.« Daneben spielen wohl Karriere und Selbstüberforderung für viele Menschen eine wichtige Rolle. Die Gesundheit steht auf dem Spiel. Die Werbung tut ein Übriges, Wünsche zu wecken und in die Versuchung zu führen. Das gesamte kapitalistische System ist darauf angelegt. Die Versuchung kann auch die spirituelle Seite eines Menschen erfassen. »Buddhismus light – Europas süßeste Versuchung, seit es Religionen gibt« hieß eine Schlagzeile in einem katholischen Nachrichtennetz. Dass Verführung zu Dschihadismus und Fanatismus funktioniert, ist offensichtlich. Aber auch Verführungskünste, die sich gegen Religion und Kirche richten, gibt es. Richard Dawkins echauffiert sich über das evangelikale Gebetsexperiment der Templeton-Stiftung, das experimentell nachweisen wollte, dass Fürbitt-Gebete Wirkung zeigen, was natürlich scheitern musste. Er selbst erliegt der Versuchung, damit einen Beweis gegen die Sinnhaftigkeit des Betens erbringen zu wollen.[10] Worin besteht die eigentliche und tiefste Versuchung des säkularen Menschen?

Existenzielle Versuchung

Versuchungen, in denen es um die eigene Existenz geht, werden sowohl von religiösen als auch von areligiösen Menschen erlebt. In gewisser Weise könnten es Menschen, die an Gott glauben, damit schwerer haben als solche, für die es eine letzte Instanz nicht gibt, die einen zur Verantwortung ruft. Auch scheint die asiatische Religiosität, soweit sie weder mit einer klaren Gottesvorstellung noch mit einem auf sich gestellten Individuum rechnet, hier mehr Spielraum zu bieten. Unsere Ängste sind offenbar durch unsere Kondition und unsere Sozialisation mitbedingt. Ein enggeführter theistischer Gottesbegriff fordert dazu heraus, Gott von aller Aktivität in Sachen Versuchung zu entlasten. Wenn Gott »niemanden versucht« (Jak 1,14), muss die sechste Vaterunser-Bitte anders übersetzt werden. Meint sie: »Lass nicht zu, dass wir in Versuchung geraten« (Marcion), oder »führe uns nicht in eine Versuchung, die wir nicht zu ertragen vermögen« (Hieronymus), oder »setze uns der Versuchung nicht aus« (moderne italienische Übersetzung)? Wichtiger: Wie wäre die Versuchung zu beschreiben, die Jesus gemeint hat? Merkwürdig genug, dass hier von Versuchung im Singular gesprochen wird, obwohl es doch deren so viele gibt. Es geht vielleicht um jede Art von

Versuchung, denn ein präzisierender Artikel fehlt. Trotzdem legt es sich von Jesu Reich Gottes-Botschaft und vom Zeitkolorit her nahe, dass die eine letzte große Versuchung gemeint sein dürfte: Wenn das Eschaton hereinbricht, wehe dann »den Schwangeren und den Stillenden zu jener Zeit! Bittet aber, dass es nicht im Winter geschehe. Denn in diesen Tagen wird eine solche Bedrängnis sein, wie sie nie gewesen ist bis jetzt vom Anfang der Schöpfung (...). Und wenn der Herr diese Tage nicht verkürzt hätte, würde kein Mensch selig (...)« (Mk 13,17-20). Was entspräche dem heute, auf die einzelnen Betenden (oder auch nicht Betenden) bezogen?

Was wäre für einen Christen die schlimmste Versuchung? Ich kann mir viele Versuchungen vorstellen, die durch Leid in der Familie oder eigenes Versagen hervorgerufen sein könnten. Am schlimmsten wäre für einen ernsthaften Christen, wenn er nicht mehr glauben, nicht mehr vertrauen könnte. Wenn mir jeder Halt wegbräche, wenn ich nur noch mir selbst überlassen wäre, wenn – so drückt es Gerhard Ebeling aus[11] – Gott selbst mir »zur Quelle des Unglaubens« werden würde.

Für den areligiösen Menschen kann Gott nicht zu einer beunruhigenden Quelle von Unglauben werden. Wie sieht für ihn die existenzielle Versuchung aus, die ihn an den Rand der Verzweiflung bringt? Es dürften ähnliche Erfahrungen sein, wie sie auch Glaubende kennen. Ich zögere, den einen Schritt zu tun, von dem ich weiß, dass er unbedingt nötig wäre. Ich bin versucht, etwas zu tun oder zuzulassen, das sich in meinem Leben nur als zerstörerisch auswirken kann. Ich spüre: Ich werde mir nicht gerecht. Ich verrate die Standards, die mein bisheriges Leben getragen und geprägt haben. Menschen können zu solchem Verrat sogar gezwungen werden

– durch psychische oder körperliche Folter. Deswegen ist die Religionsfreiheit kein irgendwie nebensächliches Ideal, sondern ein elementares Menschenrecht, das die menschliche Identität schützt. Aber in der Regel ist es nicht der Zwang, der hinter solch einem Verrat steht, sondern die blanke »Versuchung«.

KEINE VERSUCHUNG BITTE!

Sieht man von dem religiösen Kontext zunächst einmal ab, in dem die Vaterunser-Bitte »Führe uns nicht in Versuchung« steht, ist sie wohl so zu interpretieren: Wir wollen nach Möglichkeit keine Versuchung irgendwelcher Art über uns ergehen lassen. Wir tun das Unsere, sie zu vermeiden oder, wenn sie nicht zu vermeiden ist, sie zu bestehen. Wenn wir sie aber nicht bestehen können?

Bewährte Strategien

Dichtung und religiöse Tradition halten Beispielgeschichten dafür bereit, wie man sich Versuchungen gegenüber verhalten soll und kann. Odysseus wusste sich des verführerischen Gesangs der Sirenen zu erwehren. Er befolgte den Rat der Kirke, die Ohren seiner Genossen mit Bienenwachs zu verschließen und sich an den Mastbaum binden zu lassen. Er stolperte nicht blind in die zu erwartende Versuchung hinein! Mitunter ist nicht zu vermeiden, der Versuchung zu begegnen, zumal wenn man sich selbst und risikofreudig auf die Fahrt begeben hat. Aber man kann Vorsorge treffen. Auch die frommen Asketen des 4. und 5. Jahrhunderts, die in der Wüste in ihren Zellen beteten und fasteten, wurden von Versuchungen heimgesucht. Sie rieten einander: »Lieber Bruder, dass die Vögel in der Luft über dem Haupte fliegen, kannst du nicht verhindern«, wohl aber, »dass sie in deinen Haaren ein Nest bauen.«[12] Man kann sich wappnen, Gefährliches abwehren, darauf achten, dass sich

Gefährdendes nicht einnistet. »Wacht und betet, dass ihr nicht in Versuchung fallt«, sagt Jesus zu den Jüngern in Gethsemane, die er schlafend findet (Mk 14,38). Wach sein, einen kritischen Blick dafür entwickeln, was einem gefährlich werden könnte. Wer oder was will mir an mein Leben? Manchen Menschen mögen, je nach Veranlagung, besondere Verhaltensweisen helfen. Luther empfahl, Gesellschaft zu suchen, zu musizieren, den Humor nicht zu verlieren. Seinem Freund Melanchthon ließ er in einer von dessen depressiven Phasen eine Mahlzeit vorsetzen: »Philippe, du musst essen, sonst tue ich dich in den Bann!«[13] Manches ist auch von den mittelalterlichen Heiligenlegenden zu lernen. Auf den alten Tafelbildern gehört zu Margarethas Begleitung in der Regel ein Drache. Manchmal wird abgebildet, wie sie ihn an einem Halsband führt: Er ist keineswegs tot, beseitigt, eliminiert. Aber er ist gebändigt. Ich verstehe das so: Man kann mit dem Bedrohlichen leben, auch wenn es sich nicht beseitigen lässt. Ein Freund von mir sagte sogar, man solle das Teufelchen in einem füttern; so werde es nicht ausfällig werden. Oder man denke an den heiligen Antonius, dessen Versuchungen immer wieder fantasiereich dargestellt wurden. Vom historischen Antonius wird berichtet, er habe, wenn sich nach einer Pause in den Versuchungen eine neue Attacke ankündigte, sich tapfer vor den Dämonen mit den Worten gemeldet: »Hier bin ich!« Die Herausforderung bewusst anzunehmen ist ebenfalls eine Weise, mit ihr klar zu kommen. Der Buddha wurde, wie oben beschrieben, von dem Versucher Mara mit Waffengewalt bestürmt, aber siehe da: Die Waffen und Geschosse verwandelten sich in Blumen und Girlanden: Das Bedrohliche und Gefährdende ließ sich transformieren in Hilfreiches und Erfreuliches. Auf andere Versuchungen soll der Buddha reagiert haben, indem er die Erde mit seinen Fingerspitzen berührte: Für westliches Empfinden vielleicht ein Fingerzeig, dass es einem helfen kann, etwas Handfestes, Materielles »anzufassen« und sich so inneren Anfechtungen zu entziehen. Heute ist angesichts lebensgefährlicher Versuchungen ggf. angesagt, professionelle Hilfe in Anspruch zu nehmen. Ein Meditationsübungsbuch empfiehlt, man solle den »Fallschirm« zeichnen, der einen halten werde, wenn man in 5.000 Metern Höhe aus dem Flugzeug aussteigen muss. Ich bin dieser Aufforderung gefolgt. In meinem Tagebuch schwebt ein in sich gegliederter Fallschirm, dessen verschiedene Gewebe und Kappen benennen, wovon ich mir *in extremis* Hilfe erhoffe.

In extremis

Die Bitte »Führe uns nicht in Versuchung« ist für den Extremfall gedacht. Er ist offenbar dann gegeben, wenn nicht nur ein Einzelner, sondern eine ganze Gruppe in Versuchung gerät, wenn die Einzelnen nicht mehr einander helfen können. Dann ist jeder auf sich gestellt und muss mit dem Dämon ringen wie Jakob am Jabbok (Gen 32,3-33). »Da hat Jakob die alte Haut ausziehen und sich brechen lassen müssen (...).«[14] Der Glaube kennt Phasen, in denen er triumphiert, und andere, in denen er an sich selbst zweifelt. Zur Zeit des Kampfes »ist der Glaube dem Unglauben und der Verzweiflung ähnlich (...)«.[15] Dann greift das ganze Vaterunser nicht mehr, dann erscheint alles Beten als sinnlos. Was dann? Martin Luther war ein in Anfechtungen und Versuchungen besonders erfahrener Mensch. Er empfahl freilich etwas, das heute für viele kaum nachzuvollziehen ist: Augen und Ohren schließen und nichts wissen wollen, als dass Christus der Heiland ist, und sich »einwickeln« in diese Botschaft.[16] Vielleicht kann sich ein heute Angefochtener und Verzweifelnder einwickeln in gute Worte eines lieben Menschen. Aber wenn man auch das nicht kann? Dann sprich: »Ich fühle zwar, dass mein Glaube der Verzweiflung ähnlich ist, ja, er stellt sich, also ob er verzweifeln wollte. Aber in Wirklichkeit erfüllt er seine Aufgabe, nämlich gegen (...) alle Widerwärtigkeit zu fechten und zu streiten.«[17] Da sei »der Glaube an der Arbeit«.[18] Kann derjenige, der in dieser Situation nicht von »Glauben« zu sprechen vermag, vielleicht entdecken, dass gerade in der äußersten Anfechtung das ihm geschenkte Leben, seine Lebendigkeit »an der Arbeit« ist? Fallen so in manchen Situationen Glauben und Leben, Leben und Glauben zusammen?

Die Bitte bekommt dann eine neue Funktion. Von den Schlachtfeldern des vorigen Jahrhunderts wird berichtet, oft hätten verwundete und sterbende Soldaten nach der Mutter gerufen. Die Mutter war fern, sie kam nicht, konnte nicht helfen. Aber in der Erinnerung an sie verbanden sich für den Verzweifelnden Sehnsucht und Vertrauen. Auch Glaubende haben den Trost nicht zur Verfügung und die konkrete Abhilfe ohnehin nicht. Immerhin mögen ihnen vertraute Wendungen naheliegen, ihre Not in Worte zu fassen. »Aus tiefer Not schrei ich zu dir.« »Mein Gott, mein Gott, warum hast du mich verlassen?« Aber auch sie müssen es gänzlich offen lassen, wie es nun weitergeht. Sollte es in diesem Sinn nicht auch Nichtglaubenden hilfreich sein, den Schrei zu wagen, gleichsam ins Offene hinein, »to whom it may concern«? Im Schrei selbst kann die Antwort begegnen.

ERLÖSUNG VOM BÖSEN

Muss man sich am Ende einer Besinnung auf das Vaterunser eigens mit dem Bösen beschäftigen? Ist die Bitte nicht eigentlich überflüssig, zumal sie im Lukas-Evangelium weggelassen wird? Muss man noch einmal den Blick auf alles Schlimme richten, auf das Schreckliche, das allenthalben begegnet, oder gar auf »den Bösen«, den Teufel? Darf die Bitte dann ausufern zu allem Bösen hin, das einem in den Sinn kommt, wie es das »Libera nos« der katholischen Messliturgie vorsieht: »Erlöse uns, Herr, wir bitten dich, von allem Übel, sei es vergangen, gegenwärtig oder zukünftig (...), gib barmherzig Frieden in unseren Tagen (...)«? Was ist überhaupt »das Böse«? Ich bin aufgewachsen mit der von Luther aus dem Mittelalter übernommenen Übersetzung »Erlöse uns von dem Übel«. Mit »Übel« war dann alles Unglück gemeint, das Menschen Beschwer und Sorgen machen konnte. Erst spät habe ich erfasst, dass es um »das Böse« geht, das sich nicht nur an eklatanten Gemeinheiten und offensichtlichen Verbrechen wahrnehmen lässt, sondern um das Böse, das in mir selbst steckt. Die Religionen beschäftigen sich mit der Bewältigung des Bösen. Anthropologische Theorien suchen es zu erklären, gesellschaftspolitische Initiativen versuchen es einzugrenzen. Was ist das Böse und wie kommt man ihm bei?

DAS BÖSE IN DER SICHT DER WELTRELIGIONEN

Die gravierenden Unterschiede zwischen Hinduismus und Buddhismus auf der einen Seite und den theistisch orientierten Religionen auf der anderen Seite reproduzieren sich auch in der Frage nach dem Bösen. Für asiatisches Empfinden gehört das Böse wohl irgendwie zum Leben, während der Westen eher den Abstand zum Bösen sucht, die Abgrenzung, so dass der Kampf mit ihm aufgenommen werden kann.

Miteinander von Gut und Böse

Im Hinduismus scheinen Gut und Böse unmittelbar ineinander übergehen zu können. Jedenfalls lassen sie sich nicht scharf gegeneinander abgrenzen. Der Religionswissenschaftler Heinrich von Stietencron sieht dafür Gründe sogar in der Intensität der auf dem Subkontinent herrschenden unterschiedlichen Umwelteinflüsse. Es gebe nur »gut und weniger gut«. Die Inder hätten »frühzeitig erfahren, dass Gutes und Böses, Angenehmes und Leidvolles aus der gleichen Quelle hervorgehen kann«.[1] Manche Gottheiten repräsentieren beides zugleich oder sie wechseln rasch von der einen Funktion in die andere. Der tanzende Shiva symbolisiert die Schöpfung und zugleich deren Vernichtung. Als Zerstörer der Unwissenheit wirkt er segensreich. Das Böse ist nötig zur Durchsetzung des Guten. Die Göttin Kali, mit einer Kette aus Totenschädeln um den Hals, steht für die dynamische Auflösung des Nicht-

Erkennens der wahren Wirklichkeit. Axel Michaels betrachtet es als »bezeichnend für den Hinduismus«, dass »das Böse (…) ein Teil der Götter sein kann«.[2] Kosmische Prozesse vollziehen sich in einem Miteinander von Gut und Böse. Böses setzt sich durch, wo kosmische Ordnung durchbrochen wird. Dies ist der Fall, wenn rituelle oder moralische Pflichten verletzt werden. Aus dem moralisch Bösen folgt das Übel von Schmerz und Leid. Das Böse hat schicksalhafte, karmische Konsequenzen, gegen die gute Taten, Askese oder Sühneriten aufgeboten werden müssen. Dann wird die erhoffte bessere Wiedergeburt oder schließlich das Verlassen des Geburtenkreislaufs möglich. Gegen Ende des letzten Zeitalters der Welt nimmt das Chaotische zu. Doch bei Beginn der Neuschöpfung ist auch das Böse als konstitutives Element wieder präsent.

Buddhisten sehen den Menschen von vornherein in einer bösen Lage. Er ist geblendet von seinem Nicht-Wissen, durch seine Gier und seinen Lebensdurst. Es ist ihm unerträglich, dass alles vergänglich ist und dass er alles, was er schätzt und liebt, hergeben muss. Er haftet ihm an. Natürlich kennen auch Buddhisten das Böse in Gestalt des Tötens, des Lügens, der Unkeuschheit. Aber das eigentlich Böse besteht darin, dass der Mensch die Situation des »Anhaftens« nicht verlassen will. Als Böses gilt alles, »was der Erlangung des buddhistischen Heils hinderlich im Wege steht, d.h. die vollkommene Weisheit / Freiheit nicht zum Durchbruch kommen lässt«.[3] Helfen würde die Befolgung des Achtfachen Pfades, insbesondere die Meditation. Deswegen kann es bereits als böse gelten, die Meditation zu vernachlässigen. Doch steht auch derjenige, der mit dem Ziel meditiert, das Nirvana zu erlangen, noch in einer unheilvollen Bindung an die Welt. Die Wiedergeburt im

Reich von Dämonen und Hungergeistern droht ihm. Doch hat er, wie es der Amida-Buddhismus lehrt, wenn er vertrauensvoll das »*namu Amida butsu*« spricht, Aussicht, zur »Hingeburt ins Reine Land« zu gelangen. Sie stellt die beste Voraussetzung für den Eingang ins Nirvana dar, in dem es weder Gut noch Böse gibt. Schuld und individuelles böses Schicksal sind auch im Buddhismus eng miteinander verbunden.

Gut und Böse wider einander

In den theistisch orientierten Traditionen treten Gut und Böse stärker auseinander. Damit mindert sich die scheinbare Selbstverständlichkeit des Bösen. Zugleich wird Gott damit herausgefordert und infrage gestellt. Das Judentum hat das Böse erlebt und erlitten wie keine andere Religion. Manche seiner Theologen haben dies gedeutet als ein Sich-Verbergen des Antlitzes Gottes. Ein altes rabbinisches Gebet lautet: »Wer ist wie Du, unser Gott (...) mächtig im Schweigen (...).«[4] Die Geschichte Israels ist voll von Bösem, das es begangen und das es erlitten hat. Es hat die Treue Gottes ebenso erlebt wie seinen Zorn. Die dualistische Lösung, wie sie dem parsistischen Raum vertraut war, kam für das klassische Israel nicht infrage. Nur auf dem Weg über apokalyptische Ideen, später über die Kabbala, vermochte sie sich in jüdisches Denken einzudrängen. Durch das Schreckliche ließ sich das Judentum noch tiefer in das Wissen um seine ethische Verpflichtung hineintreiben, wie es im 20. Jahrhundert Emanuel Lévinas paradigmatisch zur Geltung gebracht hat. Das Böse schlechthin ist der Abfall von Gott und die Unterdrückung anderer

Menschen. Leo Baeck interpretiert es so: Es ist das, »was ohne Sinn, ohne Wert, ohne Realität ist (...), was nicht verwirklicht, sondern verleugnet und vernichtet«. Israel steht vor der Wahl: »Siehe, ich habe dir heute vorgelegt das Leben und das Gute, den Tod und das Böse« (Dtn 30,15). Wendet sich Israel bzw. der einzelne Israelit von der Thora ab, so erregt das den Zorn Gottes, und es bringt Unglück. Tun und Ergehen stehen in einem engen Zusammenhang. Aber an der Gestalt Hiobs wird Israel klar, dass dies kein automatisch funktionierender Mechanismus ist. Gerade der Gerechte muss viel Schlimmes durchstehen. Gott, von dem Glück und Unglück kommen kann (Jes 45,7) prüft die Menschen, indem er ihnen Böses zuschicken lässt. Satan ist sein Werkzeug. Vielerlei Herausforderungen werden in den Psalmen benannt. Hier nun begegnen bereits Wendungen, die an die siebente Vaterunser-Bitte erinnern: »Erlöse mich von der Bedrückung durch Menschen (...)!« (Ps 119,134). Gott ist es, »der dein Leben vom Verderben erlöst (...)« (Ps 103,4). Der Herr rettet »aus der Hand der Feinde«, befreit »aus der Gefangenschaft« (Ex 14,30; Mi 14,10). In der Septuaginta, der griechischen Version des Alten Testaments / der Hebräischen Bibel erscheint hier bereits häufig der Begriff, der dann in der Vaterunser-Bitte Verwendung findet: *rhyesthai* – »erlösen«, »loslösen«, »befreien«.

»... führe uns nicht in Versuchung, sondern erlöse uns von dem Bösen!« Offensichtlich sind »die Versuchung« und »das Böse« aufeinander zu beziehen. Auffallend ist auch, dass beides im Singular steht, obwohl der Plural guten Sinn machen würde. Interpretieren sie sich gegenseitig? Was ist das Böse, von dem wir erlöst werden sollen? Der Prophet Micha weiß: »Es ist dir gesagt, Mensch, was gut und böse ist ...« (Mi 6,8), und es gibt wohl ein menschliches Grundempfinden für das, was »böse« ist, auch wenn dies in den einzelnen Religionen dann profiliert wird. Jesu Sicht der Dinge ist aus der Bergpredigt zu erkennen. Böse ist es, dem Doppelgebot der Liebe nicht zu entsprechen. Paulus präzisiert: Böse ist, was »nicht aus dem Glauben kommt« (Röm 14,23). Es geht dabei nicht nur um das allenthalben begegnende Böse allgemein, sondern ganz wesentlich um das Böse in den einzelnen Menschen und insbesondere in den Glaubenden. Aber auch Luthers ursprüngliches Verständnis, hier sei vom »Übel« die Rede, ist nicht abwegig. Er sah in der letzten Vaterunser-Bitte die »Summa, dass uns der Vater im Himmel von allerlei Übel an Leib und Seele, Gut und Ehre erlöse und zuletzt, wenn unser Stündlein kommt, ein seliges Ende beschere und mit Gnaden von diesem Jammertal zu sich nehme in den Himmel«.[5] Unser Ergehen entspricht nicht mechanisch unserer inneren Ausrichtung und unserem Verhalten, und doch gibt es einen untergründigen Zusammenhang zwischen beidem. Das Böse ist das, dem allein Gott gewachsen ist.

Der griechische Urtext der Vaterunser-Bitte erlaubt es (wie auch die Übersetzung ins Deutsche), an »das Böse« (neutrisch), aber auch an »den Bösen« (maskulin) zu denken. Im Neuen Testament gibt es beide Vorstellungen: »Der Herr (...) wird mich erlösen von allem Bösen« (2 Tim 4,18; Luther übersetzt auch hier: »von allem Übel«) – »Dazu ist erschienen der Sohn Gottes, dass er die Werke des Teufels – des Bösen – zerstöre« (1 Joh 3,8). In der apokalyptisch aufgeladenen Zeit, in der Jesus gelebt hat, kann es gut sein, dass ursprünglich im Vaterunser der Teufel gemeint ist, der umhergeht wie ein brüllender Löwe (1 Petr 5,8), sich als »Fürst der Welt« geriert, nun aber »ausgestoßen« werden soll (Joh 12,31). Konservative katholische Exegeten wie Klaus Berger sind fasziniert von dieser Interpretation und machen das Vaterunser geradezu zu einem »exorzistischen« Gebet, zu einem Gebet, mit dem man den Teufel austreiben kann, wie auch immer man sich ihn vorstellen mag.[6] Meine theologische Erstlingsarbeit, die Dissertation, galt dem Teufel, nämlich seinem Stellenwert in der Theologie Luthers.[7] Ein barthianisch orientierter Kollege meines Vaters machte sich darüber lustig und warnte mich zugleich: Den Teufel dürfe man nicht ernst nehmen. Karl Barth selbst sah die Situation differenzierter. Er werde den Teufel nicht predigen, fand er, und die Dämonologie liebe er nicht. Es existiere jedoch ein »unausweichlicher Feind«, dem man ohne Gottes Hilfe nicht widerstehen könne. Man müsse zwar »wissen, dass der Teufel existiert, aber dann muss man alsbald sich beeilen, sich von ihm zu entfernen«.[8] Man wird heute ohnehin nicht in Kategorien mittelalterlicher Dämonologie denken, braucht aber deswegen das Rätselhafte, Raffinierte und manchmal Überwältigende des Bösen nicht aus dem Blick zu verlieren. Dass und wie der Satan und das Satanische in den Film zurückkehrt, ist vielleicht ein Anzeichen dafür, dass das Böse sich rational eben doch nicht befriedigend auflösen lässt. Es behält seine Faszination. Im Internet werden Listen von satanischen Filmen angeboten.[9] »Erlöse uns vom Bösen!« ist ein eigener Filmtitel.

Auch der Islam kennt den Teufel (*iblis, shaitan*), der als Inbegriff des Ungehorsams gegenüber Allah gilt und schließlich zusammen mit den Ungläubigen in das Feuer der Hölle gestürzt werden wird. »Er befiehlt euch nur Böses und Schändliches, und dass ihr über Gott sagt, was ihr nicht wisst« (Sure

2,169). Dass er Menschen verführen kann, entlastet diese aber keineswegs. Es gibt vielerlei Sünden, größere und kleinere Verfehlungen. Aber die eigentliche und unvergebbare Sünde ist der Glaubensabfall bzw. die Vielgötterei (»Beigesellung«, *shirk*). Immer wieder wird im Koran vor dem Unglauben und den Ungläubigen gewarnt. Vom Bösen kann man nicht erlöst werden; man muss vielmehr gegen es kämpfen und dafür sorgen, dass es nicht geschieht. Es gilt, das Böse mit Gutem bzw. mit Besserem abzuwehren (Sure 13,22; Sure 23,96). Wenn dennoch Böses getan wird, muss es bestraft werden. Allah kann allerdings dem Umkehrenden »schlechte Taten gegen gute eintauschen« (Sure 25,70). Leid, das die Menschen als etwas Böses trifft, mag ihnen als Prüfung dienen, in der sie sich bewähren sollen. Es kann aber auch als Strafe fungieren. »Gott führt irre, wen er will, und er leitet recht, wen er will« (Sure 35,8). Angesichts von Widrigkeiten empfahl Muhammad, die Suren 113 und 114 zu rezitieren: »Sprich: Ich suche Zuflucht beim Herrn des Frühlichtes vor dem Unheil dessen, was Er erschaffen hat, und vor dem Unheil der Finsternis, wenn sie einsetzt (...)« (Sure 113,1ff; Sure 114). Wie auch immer mein Geschick aussehen mag: »Sag: Uns wird nur das treffen, was Gott uns bestimmt hat« (Sure 9,51). Es ist seine »Zuteilung« (*qisma*, »Kismet«). Der fromme Muslim begehrt nicht auf gegen ein böses Geschick. Vielleicht bittet er Gott, davon befreit zu werden; vor allem aber sagt er: »Lob sei Allah für jedweden Zustand«, – auf jeden Fall.[10]

DAS SOGENANNTE BÖSE

Haben es säkulare Menschen mit dem Bösen leichter als religiöse? Manche von ihnen behaupten das, vor allem, wenn sie ausgesprochen atheistisch eingestellt sind. Sie meinen, um die Selbstverständlichkeit des Bösen zu wissen, und können dem Bösen sogar Positives abgewinnen. Schließlich bieten Vernunft, Wissenschaft und Technik Instrumente an, »Böses« zu bekämpfen. Religiöse Menschen werden sich säkularer Argumentation gegenüber, wo sie überzeugend ist, nicht verschließen. Doch die Frage, was eigentlich das Böse ist, besteht auch für nichtreligiöse Menschen. Der Nationalsozialismus hat es bekanntlich anders definiert als der Kommunismus. Der Sozialismus beschreibt es anders als der Kapitalismus. Der Atheismus entdeckt es gar in der Religion; manche areligiöse Menschen vermuten, ohne Religionen ginge es der Menschheit besser. Können sich die unterschiedlichsten Weltanschauungen, Religionen und Ideologien darauf einigen, dass das Böse das ist, was den Menschenrechten widerspricht? Die bis heute existierenden Menschenrechts-Erklärungen setzen unterschiedliche Schwerpunkte und differieren noch an einigen Punkten gewaltig. Auch wenn sie theoretisch nicht weltweit anerkannt werden und vor allem praktisch nicht durchgesetzt werden können, sind sie ein wichtiger Schritt in der Bekämpfung des Bösen.

Die Selbstverständlichkeit des Bösen

Der Glaubende wie auch der Nichtglaubende »ist sich der Brüchigkeit des Daseins bewusst und weiß, dass von Zeit zu Zeit Naturgewalten zuschlagen, denen keine Absicht innewohnt. (...) Er weiß, dass Menschen Fehler machen (...).«[11] Atheisten haben diese Erkenntnis nicht gepachtet, wenn sie auch anders mit ihr umgehen als Glaubende. Konrad Lorenz[12] bezeichnete in seinem viel gelesenen Buch über das »sogenannte Böse« den Aggressionstrieb als »Teil der system- und lebenserhaltenden Organisation aller Wesen«, der zwar »in Fehlfunktionen verfallen« könne, aber doch letztlich dem »Werden zum Guten« diene. Der Jesuiten-Theologe Pierre Teilhard de Chardin hatte keine Schwierigkeiten, das Leiden als »Nebenprodukt« der Evolution zu bezeichnen.[13] Dass Sigmund Freud eine »angeborene Neigung des Menschen zum ›Bösen‹, zu Aggression, Destruktion und damit auch zur Grausamkeit« annahm und dass C. G. Jung von dem »schwarze(n) Schatten« sprach, den jeder mit sich herumträgt, widerspricht der Einsicht der Religionen nicht. Die soziologischen Erkenntnisse über die negativen Auswirkungen einer repressiven Gesellschaft, angestoßen von Karl Marx und auf die Situation des 20. Jahrhunderts übertragen von Arno Plack, Max Horkheimer, Th. W. Adorno und anderen, wurden von den lateinamerikanischen Befreiungstheologen konstruktiv aufgenommen. »Die bösen Taten sind Ausdruck schon bestehender Strukturen und Konstellationen.«[14] Was heißt unter den genannten Aspekten »Erlösung vom Bösen«?

Die positive Funktion des Bösen

Hier muss man nun nicht Philosophie und Theologie bemühen. Es scheint eine Binsenweisheit zu sein, dass alles »sein Gutes« hat. Auch aus Steinen, die einem in den Weg gelegt werden, kann man etwas Schönes bauen. Aus Prügeln besteht der Knüppeldamm übers Moor. Was man an Aussichten verliert, gewinnt man an Einsichten (Ernst Jünger). Hohe Spannungen geben starke Funken (Dietrich Bonhoeffer). Bruchstellen sind Fundstellen (noch einmal Ernst Jünger). Die Volksweisheit ist voll von entsprechenden Hinweisen. Auch Literaten können dazu gehört werden: »Wer nicht leidet, an dem hat das Leben seine Arbeit unterbrochen. Es hat eine Pause gemacht im Gebären.«[15] Hilde Domin: »Das Trauma macht überempfindlich für die Freude.« Aber doch einschränkend: Es sei »etwas Schizophrenes an ihr.«[16] Und schon Aischylos in seiner Orestie, pathetisch: »Leid ist Lehre, ewig steht dies Wort.« Auch die Religionen können hier mithalten. Schon die Talmud-Gelehrten wussten, dass »der böse Trieb«, den sie neben dem guten Trieb im Menschen ausmachten, für den Vollzug des Lebens notwendig ist: Sie interpretierten daher das Gebot der Gottesliebe »mit ganzem Herzen« als eine Liebe mit beiden Trieben.[17] Seit Augustin kennt die abendländische religiöse Tradition die Wendung von der *felix culpa*, der glücklichen, glückbringenden Schuld des Sündenfalls, die das Kommen des Erlösers in die Welt ausgelöst habe. Dieser Gedanke lässt sich übertragen auf konkretes Böses, das in der Rückschau als Anstoß zu einer Neuorientierung des Lebens erkennbar werden kann. Selbst eine ungute Diagnose, so haben nicht wenige Krebskranke berichtet, habe ihnen einen neuen Zugang zum Leben und zu ihren kreativen Möglichkeiten eröffnet.

Sinnvoller Umgang mit dem Bösen

Seit Jahrhunderten wird das Böse eingeteilt in ein »metaphysisches« (das heute keine Rolle mehr zu spielen scheint), ein »moralisches« und ein »physisches«. Das moralisch Böse macht offenbar zur Zeit vielen Menschen keine allzu großen Sorgen, obwohl es in den letzten hundert Jahren Triumphe gefeiert hat wie selten zuvor. Die Katastrophen des nationalsozialistischen und des stalinistischen Terrors, der Shoah, des Zweiten Weltkriegs, des Korea- und des Vietnamkriegs sind bis heute nicht wirklich verarbeitet, und es kommen ständig neue hinzu. Viel Böses im gesellschaftlichen und im privaten Leben wird gar nicht erst wahrgenommen. Sollte gerade derjenige erlösungsbedürftig sein, der meint, keine Erlösung vom Bösen nötig zu haben? Für die Bewältigung individueller Schuld gibt es immerhin therapeutische Hilfen. Auch gegen ungute Prozesse und Strukturen melden sich Gegenkräfte. Karl Marx erhob es zum »kategorischen Imperativ, alle Verhältnisse umzuwerfen, in denen der Mensch ein erniedrigtes, ein geknechtetes, ein verlassenes, ein verächtliches Wesen« ist.[18] Die politische Umsetzung dieses Imperativs hat allerdings erneut oft zu vielem moralisch und physisch Bösem geführt.

Das physisch Böse lässt sich einteilen in das unverfügbare, wie es sich in Krankheiten oder Naturkatastrophen zeigt, und in das von Menschen verursachte. Gegen das unvermeidliche Böse, das über einzelne Menschen oder ganze Gruppen von Betroffenen hereinbrechen kann, müssen alle Mittel der Forschung, der Vorhersage, der Abfederung und der Eindämmung aufgeboten werden. Wird das Unvermeidliche dann doch Wirklichkeit, ist Hilfe zu Rekreation und Wiederaufbau zu leisten. Hier zeigt sich dann auch, inwieweit das moralisch Böse, nämlich Trägheit und Eigennutz, Hilfe zu verhindern in der Lage ist. Das physisch Böse und das moralisch Böse drohen Hand in Hand zu gehen. Es ist auffallend genug, dass physisches Leid und moralisches Versagen durch dasselbe Wort »böse« gekennzeichnet werden können. Offensichtlich gibt es hier unterschwellige Zusammenhänge, die von den Religionen geahnt wurden, ohne religiöse Sensibilität aber nicht mehr erkennbar sind. Böse ist das, dem gegenüber die menschlichen Möglichkeiten begrenzt sind. Gerade angesichts dieser Begrenztheit des menschlichen Zugriffs gilt es, die wenigstens limitiert vorhandenen Potenziale auszuschöpfen. Dies bedeutet, dass wissenschaftliches und technisches Know How ebenso gepflegt und gefördert werden muss wie charakterliche und moralische Bildung. Solange eine Erlösung der Menschheit vom Bösen ausbleibt, kann es nur darum gehen, die möglichen Veränderungen vorzunehmen und das Unvermeidliche anzunehmen. Auch der säkulare Mensch kann sich dem Wunsch anschließen, der sich in dem bekannten Gebet Christoph Friedrich Oetingers ausspricht: »Gott gebe mir die Gelassenheit, Dinge hinzunehmen, die ich nicht ändern kann, den Mut, Dinge zu ändern, die ich ändern kann, und die Weisheit, das eine vom anderen zu unterscheiden.« Doch die herzzerreißende Bitte »erlöse uns von dem Bösen!« meint etwas anderes!

ERLÖSUNG UTOPISCH?

Vielleicht gibt es keine allgemeinere Bitte, keinen umfassenderen Wunsch, keine weiter ausgreifende Hoffnung als: frei werden vom Bösen. In dieser Sehnsucht sind alle Menschen vereint, welcher Religion auch immer sie angehören, und ob sie überhaupt einer Religion angehören oder auch nicht. Erlöst zu werden von der ständigen Bedrohung durch das Widrige, das Leben Gefährdende, unabhängig zu werden von den ständig präsenten Vorhaltungen des Über-Ichs, zu leben in einer Welt ohne Terror und Krieg, ohne Aids und ohne Krebs, ist unmöglich – und doch bleibt es eine lebendige, nicht aus der Welt zu schaffende, Hoffnung nährende Utopie.

Das Christentum teilt sie. Es gilt als Erlösungsreligion. Gleichwohl leben Glaubende in einem merkwürdigen Zwischenzustand. Einerseits gehen sie davon aus, dass die Erlösung in und durch Jesus Christus geschehen ist (Röm 3,24; Eph 1,7; 1 Tim 2,6), andererseits folgen sie der Aufforderung Jesu und wiederholen mit jedem gebeteten Vaterunser die Bitte: »Erlöse uns von dem Bösen!« Dies mag Nietzsche zu der bekannten ironischen Bemerkung veranlasst haben, die Christen müssten ihm »erlöster aussehen«, wenn er an ihren Erlöser glauben sollte. Die Erlösung vom Bösen ist noch nicht real. Ihre Realisation steht nach christlicher Überzeugung bevor. Dies bedeutet dreierlei: Für eine Weile heißt es noch, sozusagen gemeinsam mit dem Bösen zu leben. Unter Berufung auf die bevorstehende Erlösung aber kann und soll zugleich der Kampf gegen das Böse aufgenommen werden. Denn das Ende des Bösen rückt in den Blick. Das Böse ist ein Auslaufmodell. Das neue, das endgültige Modell, die große Alternative ist schon erkennbar, in christlichen Begriffen: Gottes Reich und Kraft und Herrlichkeit. Eine neue Perspektive tut sich auf. Die Menschheit ist eingeladen, sich auf diese Perspektive einzulassen und sich auf den Weg zu machen.

Leben »mit« dem Bösen

Wenn Jesus seine Jünger lehrte, sie sollten beten: »erlöse uns von dem Bösen«, so zeigt das, dass er sich keinen Illusionen hingab. Er ging offensichtlich nicht davon aus, dass das Böse irgendwann von selbst verschwinden würde oder auch mit seinem Kommen nun erledigt wäre. Auch die Glaubenden sollen sich nichts vormachen. Paulus hat wiederholt vor einem falschen Enthusiasmus gewarnt. In seinen 95 Thesen fordert Martin Luther: »Fort (...) mit all den Propheten, die dem Volk Christi sagen: ›Friede, Friede‹, und es ist kein Friede (Jer 6,14).«[19] Glaubende haben keinen Grund, sich in Illusionen zu flüchten. Sie brauchen sich aber auch ihre Zuversicht nicht madig machen zu lassen durch den banalen Verdacht, es handle sich nur um Vertröstung. Sie machen ihre eigenen Erfahrungen. Luther beschreibt die Sache so: Weltlicher Friede bestehe darin, dass das äußere Übel, das in Unruhe versetzt, verschwindet. »Weil's dich drückt, bist du nicht zufrieden.« Auf diese Weise aber entstehe kein inneres Wachsen, keine Verwandlung. Der »rechte Friede, der das Herz zufrieden macht«, herrsche »nicht dann, wenn kein Unglück vorhanden ist, sondern mitten im Unglück«, wenn es äußerlich drunter und drüber geht. Mitten im Unglück werde das Herz »mutiger und freudiger«, als wenn alles glatt läuft.[20] Solche Erfahrungen werden auch anderwärts bestätigt. Bei seiner Darstellung Hölderlins schreibt Stefan Zweig: »... dass eine neue Seligkeit dem Herzen aufgeht, wenn es aushält und die Mitternacht des Grams durchduldet (...).« Das klingt romantisch. Überzeugender wirkt heute wohl die psychologische Einsicht, die Viktor E. Frankl im Bericht über seinen KZ-Aufenthalt beschwört: »Der Mensch muss sich auch dem Leid gegenüber zu dem Bewusstsein durchringen, dass er mit diesem leidvollen Schicksal sozusagen im ganzen Kosmos einmalig und einzigartig da steht.« Frankl hält dies für eine »einzigartige Leistung«. Der Christ wird diese psychische »Leistung« als Gnade erleben. Psychologisch gesehen, wird hier die »Fähigkeit« gefordert, »mit dem Bösen umzugehen«.[21] Einem Glaubenden wird im Leid, das ihm zugemutet wird, das Unverfügbare begegnen, der unbegreifliche und doch ihm nahe Gott. Dies steigert sich noch in der Konfrontation mit dem moralisch Bösen außerhalb und innerhalb der eigenen Existenz. Auch zur eigenen moralischen Begrenztheit und zu den eigenen unguten Trieben gilt es, ja zu sagen. Der Schatten muss nicht verdrängt werden, denn er ist umfangen von dem Lichtkreis der Liebe des »Vaters« (Lk 15,11-24), die gerade dann spürbar wird, wenn man zum eigenen Versagen steht. Das war die Grundüberzeugung Luthers, wenn er von der »Rechtfertigung des Sünders« sprach: Ich darf mich bejahen in dem Wissen, dass ich bejaht bin, obwohl ich vieles an mir nicht bejahen kann.

Es mit dem Bösen aufnehmen

Das Böse anzunehmen ist eine gute Basis dafür, es mit ihm aufnehmen zu können. Insofern gibt es ein »Sakrament der Niederlage« (J. Fowler[22]). Leidensdruck löst Impulse zur Veränderung aus. Wer mit Bösem zu leben vermag und dabei sich selbst bejahen kann, ist in der Lage, Ruhe, Sachlichkeit und konstruktive Ideen in den Kampf gegen das Böse einzubringen. Leid zu erfahren und selbst nichts dagegen ausrichten zu können mag immerhin dazu motivieren, Leid, das andere ertragen müssen, zu lindern oder gar zu beseitigen. Zum Glück anderer Menschen beizutragen hilft erfahrungsgemäß auch dem Unglücklichen selbst. Wichtig ist es, in der Auseinandersetzung mit dem Bösen nicht allein zu sein. Der Plural »uns« in der Bitte um Erlösung von dem Bösen hat therapeutische Bedeutung. Gemeinsam wollen wir vom Bösen erlöst werden. Schon, wenn der Arzt es wahrnimmt, dass ich wirklich leide, tut mir das irgendwie gut. »Ich leide, ein anderer weiß es.«[23] Gemeinschaft, Zusammensein hilft gegen das Böse. In dem Roman »Arc de Triomphe« von Remarque wird ein verzweifelter Mann geschildert. »Die Nacht, als Lavigne gehört hatte, dass seine Frau tot war, hatte er im Hurenhaus verbracht. Die Huren hatten ihn gerettet; mit Priestern wäre er nicht durchgekommen.«[24] Vielleicht hätten ihm auch Priester helfen können, allerdings wohl nicht mit frommen Erklärungen. Mitunter muss vielleicht Böses gegen Böses aufgeboten werden. Dann gilt es, tapfer zu sündigen: Luthers »pecca fortiter« ist gehalten von dem unmittelbar folgenden »sed fortius fide«, »noch tapferer vertraue (...)!«[25]

Gegen das Böse werden sich alle »Menschen guten Willens« verbünden wollen. Religiöse werden ihre spezifischen Einsichten und Erfahrungen einbringen, Areligiöse zu Nüchternheit mahnen und rationale Argumente stark machen. Die Menschheit muss sich zusammenschließen im Kampf gegen das Böse, das in ihrer Mitte so viel Unheil anrichtet. Alle Mittel von Bildung, Wissenschaft und Technik sind dazu einzusetzen. Staatliches und internationales Recht, ökologisches und diakonisches Verantwortungsbewusstsein, Kirchen und Parteien, UNO und NGO's stehen als unterstützende Energien zur Verfügung. Gleichwohl sind die Erfolge in den Bemühungen, das Böse in Grenzen zu halten, selbst begrenzt und keineswegs durchschlagend.

Die Bitte »Erlöse uns von dem Bösen« leistet ihren eigenen Beitrag. Sie ist ein tapferes, weil scheinbar aussichtsloses Gebet. Gerade als solches aber dient es dem Kampf gegen das Böse. Es bestreitet dem Bösen seine Legitimation. Es gebietet ihm Einhalt, indem es sich von ihm nicht beeindrucken lässt. Die Stille der Meditation verschafft dem Widerstand Raum und Zeit, sich zu sammeln. Das Gebet belehrt nicht Gott, wo er denn eingreifen und sich gegen das Böse durchsetzen sollte. Es macht vielmehr dem Betenden klar, wo sein eigener Ort in dieser Situation ist, welche Ausflüchte er sich am liebsten gestatten möchte und welche konkreten Möglichkeiten er tatsächlich hat. Es dient der Selbstklärung des Beters und verändert insofern seine Befindlichkeit angesichts des Bösen. Das Böse mag als objektiv gegebene Wirklichkeit erscheinen, aber es steht immer in einer konkreten Relation zu dem Menschen, der sich bedroht fühlt. Sofern der Glaubende einen anderen Blick auf das ihn Bedrohende gewinnt, verändert sich auch konkret die Situation. Der neue Blick könnte sich einstellen, wenn ich meine Situation daraufhin bedenke, was ein höherer Wille für sie bedeuten würde, ob es einen größeren, vielleicht meine Familie, mein Land, ja die Menschheit betreffenden Zusammenhang für sie geben könnte, oder welche scheinbar unumgänglichen Faktoren ich nicht gelten lassen darf. Das Vaterunser selbst mit seinen einzelnen Bitten eignet sich dazu, eine gefährliche, schlimme, böse Situation zu durchdenken. Es wird dabei gerade nicht zu einem exorzistischen Machtinstrument, sondern zu einem Hilfsmittel, es mit Bedacht, Klarheit und Entschlossenheit mit dem Bösen aufzunehmen. Dazu sind die traditionellen religiösen Vorgaben, ein klarer Gottesbegriff oder ein internalisiertes Gott-Vater-Bild, keineswegs die unerlässliche Voraussetzung. Religiöse und areligiöse Menschen könnten es hilfreich finden, in ein Gebet einzustimmen, wie es Gert Otto formuliert hat: »Wir danken für das Licht des Tages und die Stille der Nacht (...) Wir hoffen auf die Kraft zum Gelingen für jeden bei seinem Tun; auf Gelassenheit für alle Ruhelosen; auf Erfüllung für jeden, der sich danach sehnt; auf Humor und gute Einfälle (...). Wir denken an die, denen es schlechter geht als uns, und wollen ihnen helfen (...). Wir sehnen uns nach Frieden für uns und alle Menschen.«[26]

DAS ENDE DES BÖSEN – UNVERZICHTBARE UTOPIE

Was steckt dahinter, wenn die letzte Vaterunser-Bitte nicht lautet: »Mach dem Bösen ein Ende«, sondern: »Erlöse uns von dem Bösen!«? Das Böse bleibt, aber ich werde vor dem Bösen gerettet? Das Böse ist noch da, aber mir – uns – kann es nichts mehr anhaben? Es ist eine Vorstellung, die beispielsweise der Buddhismus nicht teilen kann, da er eine für sich allein bestehende Person nicht kennt. Das Böse kann nur mit mir zusammen verschwinden. In hinduistischer Sicht mag eine mein empirisches Ich überschreitende Seele einer weiteren Inkarnation zustreben, die freilich wieder unter karmischen Bedingungen existieren wird. Im Islam werden sich die als treu erfundenen Muslime im Himmel der schönsten Gaben erfreuen, während die Verdammten in der Hölle entsetzliche Qualen erleiden. Hat das Böse ewigen Bestand, während ich wenigstens vom Bösen frei werde? Wie findet das Böse sein Ende?

Das Böse lässt sich nicht endgültig ausschalten oder gar abschaffen. Trotzdem gelingt manches im Kampf gegen das Böse. Menschen verändern sich, Drogensüchtige werden clean, Politiker erfassen ihre Verantwortung. Allein die Tatsache, dass es zur Abfassung von Menschenrechts-Erklärungen gekommen ist, ist zu begrüßen. Die Einrichtung des Internationalen Gerichtshofs in Den Haag lässt auf Durchsetzung des Rechts hoffen, wenngleich seine Möglichkeiten noch begrenzt sind. Die Weltgemeinschaft entdeckt zunehmend ihre Verantwortlichkeit bei Katastrophen wie Erdbeben oder Tsunamis.

Unrechts-Systeme wie die Apartheid in Südafrika wurden beseitigt; es kam sogar zur Etablierung einer »Wahrheits- und Versöhnungskommission«. Weitere Beispiele ließen sich aufzählen.

Ein Verschwinden des Bösen ist freilich nicht abzusehen, im Gegenteil. Neue Formen des Bösen tauchen auf und etablieren sich: Menschenhandel, Flüchtlingselend, Ausbeutung. Trotzdem erleben einzelne Menschen so etwas wie Niederlagen des Bösen. Eine unheilbar scheinende Krankheit wird plötzlich geheilt. Ein in einem Bergwerk oder unter Ruinen verschütteter Mensch wir noch nach Tagen unerwartet gerettet. Pater Alfred Delp schreibt im Januar 1945, vielleicht sei das undurchschaubare Leid, das er erlebe, »das notwendige Verbindungsstück zum Wunder.«[27] Der evangelische Pfarrer Jörg Zink spricht von nicht lösbaren Rätseln, »hinter denen nur noch die Auferstehung kommt«.[28]

Gehen die Religionen zu sanft mit dem Bösen um? So dass die nicht auf Religion setzenden Menschen ungeduldig werden und aufbegehren: »... Es rettet uns kein höh'res Wesen, kein Gott, kein Kaiser noch Tribun, Uns aus dem Elend zu erlösen, können wir nun selber tun!« Oder wenn schon Religion, dann so wie manche Dschihadisten, die die Götzenbilder mit dem Pressluftbohrer zerstören und ihre von ihnen als böse klassifizierten Gegner mithilfe von Terror unschädlich machen? Jesu Weg war ein anderer. Er lebte mit der Utopie des Reiches Gottes. Er fand, sich für andere einzusetzen und zu leiden, angemessener als den gewaltsamen Kampf gegen das Böse.[29] »Wenn dich jemand auf deine rechte Backe schlägt, dem biete die andere auch dar« (Mt 5,39). »Ein neues Gebot gebe ich euch, dass ihr euch untereinander liebt, wie ich euch geliebt habe, damit auch ihr einander liebhabt« (Joh 13,34). In der Liebe läuft sich das Böse tot. Wo auch immer geliebt wird, da findet das Böse sein Ende. So erklärt es sich, dass die ersten Glaubenden zu der Überzeugung kamen, im Tod Jesu habe sich das Böse endgültig totgelaufen. Ich habe im Konfirmandenalter ein – zugegeben: sehr kitschiges – Bild gemalt: Der Gekreuzigte und zu seinen Füßen eine Blutlache, in der sich ein schwarzer Teufel wälzt. Ein Mitschüler schaute sich das an und kritisierte: Aber der Teufel selbst wird doch gar nicht erlöst! Irrtum: Das Böse ertrinkt im Meer der Liebe. »Die Liebe hört niemals auf (...)« (1 Kor 13,8). Die Utopie des Reiches Gottes bleibt fruchtbar für die gesamte Menschheit. Erlösung vom Bösen geht weiter. Sie findet statt, wo immer es Menschen geschenkt wird, zu lieben, zu vergeben, Zuversicht zu vermitteln und auf diese Weise etwas von der Utopie des Reiches Gottes zu verwirklichen.

UND NUN?

In den ältesten Textzeugen sowohl des Matthäus- als auch des Lukas-Evangeliums fehlt der abschließende Lobpreis des Vaterunsers, der uns heute vertraut ist. Luther hatte ihn aus der mittelalterlichen Gebetspraxis und aus der Vulgata übernommen, die sich ihrerseits auf den allgemein anerkannten »Reichstext« bezogen hatte. Warum haben die Beter des 2. Jahrhunderts ihn angefügt? War ihnen das Gebet des Herrn zu kurz? Brauchten sie mehr Worte? Zu dem Hilfeschrei »Erlöse uns von dem Bösen!« passt keine feierliche Doxologie. Beginnt hier schon das ausschweifende liturgische »Plappern wie die Heiden« (Mt 6,7), dessen sich die Christen gerade bei ihrem routinierten und formalisierten Umgang mit dem Vaterunser unendlich schuldig gemacht haben? Auffallend ist das »denn«, mit dem der Lobpreis an die letzte Bitte, eigentlich an die letzten beiden Bitten, angehängt wird. Es soll offenbar die Gebetsaufforderung begründen; das für »denn« verwendete griechische Wort *hoti*, »weil«, verstärkt dies noch. Wer brauchte die Begründung? Offenbar diejenigen, die nicht wussten, »was wir beten sollen, wie sich's gebührt« (Röm 8, 26). Wenn das abschließend geklärt war, konnte ein kräftiges »Amen« folgen.

Lobpreis und Protest

Alle Religionen kennen Lob und Dank. Buddhisten übersetzen ihre Dankbarkeit in ein universales Wohlwollen gegenüber allen fühlenden Wesen: »Mögen sie glücklich sein!« Der Lobpreis von Hindus lautet: »OM. Jenseits ist Fülle, diesseits ist Fülle, aus Fülle kommt Fülle hervor. Nimmt man die Fülle aus der Fülle, so bleibt nichts als Fülle! OM Friede, Friede, Friede!«[1] Theistisch orientierte Traditionen fassen es klarer: »O Gott! Dir gilt mein rühmendes Wort, wenn die Nacht hereinbricht und wenn der Tag aufglänzt. So viele Lieder will ich dir singen, wie Sterne sind am Himmel. So viele wie du Regen sendest auf die Erde, wie Tropfen sind in den Meeren. So viele wie Bäume sind und Blätter, Staub, Erde und Kieselsteine, Menschen und Geister, Vögel und Getier, Löwen, Vieh und Schmetterlinge. So viel Rühmung sei dir, als Leben ist auf Erden und unter der Erde, in der Luft und im Himmel!« So dichtet Husayn Ibn Ali, ein Enkel Muhammads.[2] Welchem im Evangelischen Gesangbuch bewanderten Christen käme da nicht in den Sinn: »O dass ich tausend Zungen hätte und einen tausendfachen Mund, so stimmt ich damit um die Wette vom allertiefsten Herzensgrund ein Loblied nach dem andern an, von dem, was Gott an mir getan! (...) Ihr grünen Blätter in den Wäldern, bewegt und regt euch doch mit mir! Ihr schwanken Gräslein in den Feldern, ihr Blumen lasst doch eure Zier zu Gottes Ruhm belebet sein und stimmet lieblich mit mir ein!«[3] Israel hat seine Psalmen zum Lob Gottes beigesteuert. Deutlicher als andere Religionen weiß es, sein Bitten unmittelbar in Lob und Dank übergehen zu lassen. Dies dürfte auch der Grund dafür sein, dass judenchristliche Beter dem Vaterunser eine Doxologie folgen ließen: »Dein, Herr ist die Majestät und Gewalt, Herrlichkeit, Sieg und Hoheit. Denn alles, was im Himmel und auf Erden ist, das ist dein. Dein, Herr, ist das Reich (…)« (1 Chr 29,11). Solche Wendungen stehen areligiösen Menschen nicht zur Verfügung. Aber auch in ihnen regt sich mitunter das Bedürfnis, ihrer Dankbarkeit und Lebensfreude Ausdruck zu geben. »Danke für jeden Vogelruf«, denkt Rita im »Geteilten Himmel« der Schriftstellerin Christa Wolf, »für das kühle Flusswasser, für die Morgensonne und den Baumschatten im Sommer.«

Solcher Dank kann aus dem Augenblick geboren sein und für sich stehen. Er mag heute Glaubenden wie Nichtglaubenden leichter fallen als die konkrete Bitte. Er könnte auch als Ausgangspunkt dafür dienen, sich anzuvertrauen und eine Bitte »um etwas« zu wagen. Wenn er sich an eine Notsituation anhängt oder an den Versuch, ihr zu entgehen, wird er zugleich zum Protest. Die Doxologie am Ende des Vaterunsers hält fest: Nicht dem Bösen gehören »Reich«, »Kraft« und »Herrlichkeit«, sondern sie sind »dein«. Auch wenn uns noch unklar sein sollte, worauf sich dieses »dein« bezieht: Es sollte uns Hoffnung vermitteln, dass also nicht das Böse das letzte Wort behalten wird. Interpretiert man freilich »Reich«, »Kraft« und »Herrlichkeit« im Sinne Jesu, muss man noch einmal umlernen. Sein Reich ist »nicht von dieser Welt«. Es ist ein Reich, das zu dieser Welt erst kommen muss und das doch in der Nähe Jesu schon »mitten unter uns« (vgl. Lk 17,20) ist: Das Evangelium wird gepredigt, Menschen gewinnen Zuversicht, ungerechte Strukturen geraten ins Wanken, weiterführende Ideen werden umgesetzt. Nicht die »Kraft« und Leistungsfähigkeit der Starken, Mächtigen, Tonangebenden ist erfolgreich, sondern die Kraft der Liebe bahnt sich ihren Weg. Nicht die »Herrlichkeit« der Reichen und Schönen bleibt »in Ewigkeit«. Es gilt vielmehr durch die Zeiten hin das, was allen Zeiten zugrunde liegt und ihr Ziel ausmacht: das Reich, die Kraft und die Herrlichkeit dessen, dem wir uns mit dem Vaterunser anvertrauen. Die Doxologie wird zugleich ein Seufzer der Hoffnung, mit dem wir noch einmal all unser Elend auf *eine* Schaufel nehmen. Warum fällt es uns trotzdem so schwer, in die Bitten des Vaterunsers vollen Herzens einzustimmen?

Wir wissen nicht

Was kann uns abhalten, das Vaterunser vollen Ernstes zu beten oder eine eigene Bitte an Gott zu formulieren? Ich habe kein »Bedürfnis«, keinen Anlass – oder gebe ich nur nicht zu, dass mir in der Tiefe etwas fehlt? Wer nicht von Kind auf daran gewöhnt ist, hat keine Übung; es würde ihn einige Überwindung kosten. Es fällt ihm vielleicht auch schwer, sich zu konzentrieren, still zu werden und dem »Anruf« Stand zu halten, der uns »zu dem ruft, was wir sind, damit wir es in Wahrheit seien (...)«.[4] Vielleicht sind wir auch davon abgeschreckt, wie in den Gottesdiensten das Vaterunser heruntergeleiert wird oder wie manche überfromme Pietisten »den Herrn anrufen«. Oder wir haben eigene ungute Erfahrungen mit einem unter Schmerzen gesprochenen Gebet, das unserer Meinung nach keine Erhörung gefunden hat. Wir hatten uns nicht klar gemacht, dass Bitten »etwas anderes bedeutet, als einfaches Hilfesuchen bei einer wohlgesinnten höchsten

Macht«[5], durch deren Eingreifen zu unseren Gunsten dann alles in Ordnung kommen würde. Oder wir haben überhaupt Schwierigkeiten mit der Adresse, zumal die Religionen so viele Adressen anbieten. Vor allem möchten wir uns als aufgeklärte Menschen nichts vormachen, keinen Illusionen auflaufen, uns nicht selbst betrügen. Letztlich aber sind es wohl keine rationalen Argumente, die einen Menschen vom Beten abhalten. Ich vermute, wir sind schlicht zu stolz. Wir wollen uns nicht aus der Hand geben, wir wollen nicht »in die Knie gehen«. Ich habe vor einiger Zeit an der liturgischen Fußwaschung einer amerikanischen Anabaptisten-Gemeinde teilgenommen, und dabei wurde mir bewusst, wie schwer es mir – nicht äußerlich, sondern innerlich – fiel, mich vor einem anderen Menschen wirklich auf den Fußboden herunter zu begeben und auf die Knie zu gehen. Das gibt es gewiss auch im übertragenen Sinn.

Was tun? Der Philosoph Sören Kierkegaard kannte wohl diesen inneren Widerstand und redete deswegen von einem nötigen »Sprung«. Ich denke nicht, dass man jemanden zu einem Sprung überreden könnte oder auch nur sollte. Das Vaterunser bietet nicht den Sprung ins Ungewisse an, sondern das Nachdenken. »Geheiligt werde dein Name«: Was unter allen Umständen sollte mir heilig sein – und was auf keinen Fall? »Dein Reich komme«: Was erträume ich für mich und die Meinen und für die ganze Welt? Für welche Zukunft will ich mich daher engagieren? »Dein Wille geschehe«: Wo erkenne ich einen größeren Zusammenhang, dem ich mich beugen oder den ich gerade nicht zur Auswirkung gelangen lassen darf? »Unser tägliches Brot«: Wovon lebe ich letztlich, was ernährt mich wirklich? Was davon kann ich an andere weitergeben, zumal ich auch selbst auf andere angewiesen bin? »Vergib«: Wie kann ich aufräumen? Welche Konflikte könnte ich in Angriff nehmen, um sie zu lösen? »Versuchung«: Was gefährdet mich ernstlich? Wie kann ich ihm begegnen? »Erlösung«: In welchen Bereichen täte sie mir gut, wäre sie dringend notwendig? Das Nachdenken über das Vaterunser und die Erinnerung an den, der es seine Jünger gelehrt hat, führt in die Nähe des Gebets, wird zum Gebet, wenn es sich mit Sehnsucht verbindet. Beten gehört hinein in die große Sehnsuchtsbewegung aller Menschen, ja alles Lebendigen. Niemand braucht sich zu schämen, wenn er dieser inneren Bewegung allen Lebens sich anschließt. Das Vaterunser hilft, sie zu artikulieren und zu konzentrieren. Jesus hat ihr den Zug zu Vertrauen, Liebe und Hoffnung eingestiftet.

Das Vaterunser ist bestimmt nicht nur als liturgisches Modell-Formular gemeint. Es ist ja auch nicht völlig einheitlich überliefert, also ursprünglich unterschiedlich gebetet worden. Im Garten Gethsemane hat Jesus die eine Bitte sich vorgenommen und mit ihr gekämpft, die ihm geholfen haben wird, der Schande, der Folter und dem Tod entgegenzugehen. Die einzelnen Bitten haben ihre je eigene Aufgabe in den unterschiedlichen Situationen unseres Lebens. Aber sie umgeben uns als die Fülle dessen, worauf wir hoffen und wonach wir greifen dürfen.

Zugleich bilden sie einen Schutzwall um uns, innerhalb dessen wir uns bergen können. Wenn »alle Stricke reißen«, gibt es immer noch das Vaterunser.

So sei es!

Martin Luther äußerte gelegentlich, es komme darauf an, dass man an der Erhörung des Gebets nicht zweifle. Ohne diese Gewissheit sei das ganze Gebet nichts wert. Es könne einem nichts geschenkt werden, wenn man nicht die Hand öffne und still halte. Man kann jedoch auch mit zitternden Händen etwas entgegennehmen. Am Ende meiner Schulzeit erhielt ich bei einem Wettbewerb einen Preis, der mit einem Geldgeschenk verbunden war. Ich habe vor Aufregung zitternd quittiert.

Das »Amen« bildet einen Schlusspunkt. Man muss ein Gebet auch beenden können. »Amen. Das Weitere findet sich.«[6] Ich überlasse meine Bitten und mein Beten dem, der »der Wolken, Luft und Winden gibt Wege, Lauf und Bahn« (Paul Gerhardt). Ich kann das Beten nun getrost »sein lassen«. Es steht nicht im Widerspruch dazu, wenn Paulus mahnt: »Betet ohne Unterlass!« (1 Thess 5,17). Es gibt ein Leben im Amen, im »stand by«. Selbst wenn ich das »stand by« abschalte, verstummt das Vaterunser nicht. Luther rät: Denke nur nicht, dass du »allein da kniest und stehst, sondern die ganze Christenheit oder alle frommen Christen sind bei dir und du unter ihnen (...)«.[7] Werde ich auf dem Sterbebett das Vaterunser sprechen oder auch nur denken? Ich vermute, wohl eher nicht. Aber der jahrzehntelange Umgang mit dem Gebet, das Jesus uns gelehrt hat, wird mir, so hoffe ich, dazu verhelfen, mich in dem Amen zu bergen, das er selber ist und das dann andere für mich sprechen werden. Tag und Nacht wird das Vaterunser auf dem weiten Rund der Erde gebetet, und es wird begleitet von Stimmen aus vielen Religionen und von den Sehnsüchten zahlloser Menschen, auch von den buddhistischen Gebetsmühlen, die der Wind bewegt.

ANMERKUNGEN

Vorwort

1. Helmut Thielicke, Das Gebet, das die Welt umspannt, Stuttgart 1946.
2. Friedrich Heiler, Erscheinungsformen der Religion, Stuttgart ^{2}1979, 329.
3. Ernerst Hemingway, Ein sauberes, gut erleuchtetes Café, in: ders., Der Sieger geht leer aus. 14 Stories, Hamburg 1958, 13-18; Zitat: 17.
4. Karl Barth, Das Vaterunser nach den Katechismen der Reformation, Zürich 1965, 62.
5. Martin Luther, Amen. Das Weitere findet sich. Gelebtes Vaterunser. Ausgewählt und eingeleitet von Hans-Martin Barth, Freiburg i. Br. 1989.
6. Erika Lorenz, Das Vaterunser der Teresa von Ávila. Anleitung zur Kontemplation, Freiburg i. Br. 1987.
7. Romano Guardini, Das Gebet des Herrn, Mainz ^{10}1978.
8. Gerhard Ebeling, Vom Gebet. Predigten über das Unser-Vater, Tübingen 1963.
9. Jürgen Werbick, Vaterunser. Theologische Meditationen zur Einführung ins Christsein, Freiburg i. Br. 2011.
10. Klaus Berger, Das Vaterunser. Mit Herz und Verstand beten, Freiburg i. Br. 2014.
11. Eduard Lohse, Vater unser. Das Gebet der Christen, Göttingen 2009.
12. Friedrich Rittelmeyer, Das Vaterunser. Ein Weg zur Menschwerdung, Stuttgart ^{6}1990.
13 Arnold Bittlinger, Das Vaterunser. Erlebt im Licht von Tiefenpsychologie und Chakrenmeditation, München 1990.

Vater unser – und kein Vater im Himmel?

1. Lohse 2009, 33f.
2. Jakob J. Petuchowski, Clemens Thoma, Lexikon der jüdisch-christlichen Begegnung, Freiburg i.Br. 1989, 422.
3. Sigmund Freud, Die Zukunft einer Illusion, in: ders., Massenpsychologie und Ich-Analyse. Die Zukunft einer Illusion, Frankfurt a. M. 1967, 104, 97f.

4. Ludwig Feuerbach, Das Wesen des Christentums, Stuttgart 1969, 202.
5. Alain de Botton, Religion für Atheisten. Vom Nutzen der Religion für das Leben, Frankfurt a. M. 2013, 165f.
6. Robert Breitinger, Al-Mulk. Einführung in das Koranarabisch anhand der Sure 67 »Die Herrschaft«, Freiburg i. Br. 2009, 141.
7. Friedrich Nietzsche, Jenseits von Gut und Böse. Sämtliche Werke. Kritische Studienausgabe Bd. 5, München 1967-1977, 72.
8. Richard Dawkins, Der Gotteswahn, Berlin 2007, 89-93.
9. Ernst Bloch, Atheismus im Christentum. Zur Religion des Exodus und des Reichs, Frankfurt a. M. 1968, 98.
10. DBW 2, 94.
11. Nachweis bei R. Weier, Das Thema vom verborgenen Gott von Nikolaus von Kues zu Martin Luther, Münster 1967, 172.
12. Jan-Heiner Tück, Gelobt seist Du Niemand. Paul Celans Dichtung – eine theologische Provokation, Frankfurt a. M. 2000, 71.
13. Philosophielexikon. Personen und Begriffe der abendländischen Philosophie von der Antike bis zur Gegenwart, Reinbek bei Hamburg 1991, 443.
14. Werbick 2011, 108f.
15. Martin Buber, Das dialogische Prinzip, Heidelberg 1979, 15, 22, 134, 115.
16. Martin Walser, Muttersohn, Reinbek bei Hamburg 1913, 316, 353.
17. Werbick 2011, 55.
18. Wilhelm Schmid, Gelassenheit. Was wir gewinnen, wenn wir älter werden, Berlin 2014, 105.

Geheiligt werde dein Name – »heiligen« suspekt, »Name« unbekannt?

1. Werbick 2011, 59, 57.
2. Rigveda I, 164, 46.
3. Jan Gonda, Die Religionen Indiens. Veda und älterer Hinduismus, Stuttgart [2]1978, 28.
4. Annette Wilke, Opfer, Gebet und Gebetsopfer im Hinduismus (https://www.uni-due.de/~gev020/courses/course-stuff/lit-Wilke-Opfer.pdf)
5. Yogasutra 1, 27.
6. Raimon Panikkar, Gottes Schweigen. Die Antwort des Buddha für unsere Zeit, München 1992, 246.

7. Übersetzung Khoury; anders Hans Küng, Der Islam. Geschichte, Gegenwart, Zukunft, München 2006, 124f.
8. Lohse 2009, 39.
9. Berger 2014, 79.
10. In Deutschland § 166 StGB. Dort geht es allerdings nicht um den Schutz einer Religion, sondern um die Wahrung des öffentlichen Friedens, der durch Beschimpfung einer Religion gefährdet sein könnte.
11. HWP 3, 1034.
12. P. Th. d'Holbach, System der Natur. Von den Gesetzen der physischen und der moralischen Welt, Berlin 1960, 474f.
13. HWP 3, 1035; dort falsch zitiert.
14. Friedrich Nietzsche, Werke in drei Bänden. Hg. von K. Schlechta, Bd. 2, München 1966, 429.
15. Werbick 2011, 57.
16. Feuerbach 1969, 410f.
17. Formulierungen bei Panikkar 1992, 153.
18. Martin Luther, WA 31/1, 424 .

Dein Reich komme – ein Paradies auf Erden?

1. TRE 15, 173.
2. Wolfgang Sternstein, Gandhi und Jesus. Das Ende des Fundamentalismus, Gütersloh 2009, 187.
3. Stephan Schlensog, Der Hinduismus, München 2006, 370.
4. Sri Aurobindo, Der integrale Yoga, Hamburg 1957, 57.
5. Ulrich Luz, Axel Michaels, Jesus oder Buddha. Leben und Lehre im Vergleich, München 2002, 58.
6. Gustav Mensching, Buddha und Christus, Freiburg i. Br. 2001,111, 112.
7. Thich Nhat Hanh, Lebendiger Buddha, lebendiger Christus. Verbindende Elemente der christlichen und buddhistischen Lehren, Augsburg 1995, 179f.
8. Dalai Lama, Das Herz aller Religionen ist eins. Die Lehre Jesu aus buddhistischer Sicht, Augsburg 1999, 125f.
9. Michael von Brück, Whalen Lai, Buddhismus und Christentum. Geschichte, Konfrontation, Dialog, München 1997, 347.
10. Lohse 2009, 23, 26.

11. TRE 12, 173.
12. Marc Philonenko, Das Vaterunser. Vom Gebet Jesu zum Gebet der Jünger, Tübingen 2002, 62.
13. Philonenko 2002, 63.
14. Lorenz 1987, 64.
15. Leonardo Boff, Vater unser. Das Gebet umfassender Befreiung, Düsseldorf 1981, 101.
16. Boff 1981, 102f.
17. Wolfgang Hage, Das orientalische Christentum, Stuttgart 2007, 43.
18. Ulla Hahn, Spiel der Zeit, München 2014, 155.
19. Luise Rinser, Nordkoreanisches Reisetagebuch, Frankfurt a. M. 1986, 85.
20. Zitiert nach Byung-Chul Han, Tod und Alterität, München 2002, 117.
21. So Michael Inwood, Heidegger, Freiburg i. Br. o.J. (= Herder / Spektrum: Meisterdenker), 128.
22. Zitiert nach Werbick 2011, 87.
23. Karl Marx, Das Kapital. Kritik der politischen Ökonomie. Dritter Band, Berlin 1988, 828.
24. Hans-Joachim Kraus, Reich Gottes: Reich der Freiheit, Neukirchen-Vluyn 1975.
25. Zitiert nach Kraus 1975, 404.
26. Ludwig Wittgenstein, Tractatus logico-philosophicus, Frankfurt a. M. ^{8}1971, 111.
27. Vgl. Cornelia Richter (Hg.), Gutes Leben. Fragile Vielfalt zwischen Glück, Vertrauen, Leid und Angst, Würzburg 2014.
28. Jürgen Moltmann, Der Weg Jesu Christi. Christologie in messianischen Dimensionen, München 1989, 341.
29. Viktor E. Frankl, ... trotzdem Ja zum Leben sagen. Ein Psychologe erlebt das KZ, München 1982, 119.
30. Dietrich Korsch, in: Richter 2014, 324.
31. Thich Nhat Hanh 1996, 162.
32. Schleiermacher, zitiert nach Richter 2014, 82.
33. C. Richter (Hg.), Gutes Leben. Fragile Vielfalt zwischen Glück, Vertrauen, Leid und Angst, Würzburg 2014.
34. Ebeling 1963, 45.
35. Boff 1981, 105.
36. Zitiert bei Werbick 2011, 81.
37. Paul Gerhardt, EG 11,3.

Dein Wille geschehe – wessen Wille?

1. Jan C. Heesterman, Das vedische Opfer, in: Andreas Bsteh (Hg.), Hinduismus als Anfrage an christliche Theologie und Philosophie, Mödling 1997,11-18; Anfragen und Gesprächsbeiträge: 19-55.
2. Angelika Malinar, Hinduismus, Göttingen 2009, 41 (nach H. Lüders).
3. Bhagavadgita. Mit einem Kommentar von Bede Griffiths, München 1993, 3, 3,8; 4, 20, 22f.
4. Lao Tse, Tao-Te-King, Zürich 1985, 3; vgl. 37.
5. Michael von Brück, Buddhismus. Grundlagen – Geschichte –Praxis, Gütersloh 1998, 93f.
6. Thich Nhat Hanh, Die fünf Pfeiler der Weisheit. Liebe, Achtsamkeit und Einsicht – der buddhistische Weg für den westlichen Menschen, Bern 1996, 7-80.
7. Mahabharata XIII.1 148; Samyutta Nikaya V, 353.35-354.2; Konfuzius, Gespräche 15,23. Zitiert nach: Stiftung Weltethos, Weltreligionen, Weltfrieden, Weltethos, Tübingen 2000, 20f.
8. LRG 310 (aggadischer Ausspruch, 3. Jh.).
9. Leo Baeck, Das Wesen des Judentums, Wiesbaden [3]1985, 169.
10. Zitiert bei Lorenz 1987, 66.
11. Franz von Sales, Feuer und Tau. Hg. von Gertrude und Thomas Sartory, Freiburg i. Br. 1986, 99.
12. WA 2, 581.
13. WA 33, 362.
14. Dorothee Sölle, Ein lied gegen die aufrüstung, in: dies., spiel doch von brot und rosen, Berlin 1981, 19.
15. Ernesto Cardenal, zitiert in: Antonio Reiser und Paul Gerhard Schoenborn (Hg.), Sehnsucht nach dem Fest der freien Menschen. Gebete aus Lateinamerika, Wuppertal / Gelnhausen 1982, 168.
16. A. Th. Khoury, Art. Gesetz, in: Adel Theodor Khoury, Ludwig Hagemann, Peter Heine, Islam-Lexikon, Freiburg i. Br. 1991, 296f.
17. Vgl. A. Th. Khoury, ebd. 294-298; mit S. Balic in LRG 356-360.
18. Küng 2007, 195.
19. Annemarie Schimmel, Dein Wille geschehe. Die schönsten islamischen Gebete, Kandern/Schw. [5]2004.
20. Zitiert bei Laktanz, De ira Dei, Kap. 13 (nach Uta Ranke-Heinemann, Nein und Amen. Anleitung zum Glaubenszweifel, München 1994, 79.

21. Epiktet, Enchiridion 8; vgl. diss II 14,7, sowie I 12, 15. Zitiert nach Ernst Lohmeyer, Das Vater-unser, Göttingen ^{3}1952, 79.
22. Gisbert Greshake, Der dreieine Gott. Eine trinitarische Theologie, Freiburg i. Br. ^{2}1997, 536.
23. Franz M. Wuketits, Was Atheisten glauben, Gütersloh 2014; Zitat: 53.
24. Wuketits 2014, 97.
25. Friedrich Nietzsche, Zur Genealogie der Moral, Zweite Abhandlung 20, 18, 23, 20.
26. Tilmann Moser, Gottesvergiftung, Frankfurt a. M. 1976, 10, 35, 46, 100f. Ganz anders die Stimmung in Mosers späteren Veröffentlichungen!
27. So der »Humanist Chaplain« an der Harvard University: Greg M. Epstein, good without God. What a Billion Nonreligious People Do believe, New York 2009.
28. Joachim Kahl, Weltlicher Humanismus. Eine Philosophie für unsere Zeit, Berlin ^{4}2009, 194ff.
29. Heinz Zahrnt, Mutmaßungen über Gott. Die theologische Summe meines Lebens, München 1994, 125.
30. Ebeling 1963, 52.
31. Albert Schweitzer, Was sollen wir tun? 12 Predigten über ethische Probleme, Heidelberg 1974, 33.
32. Erwin Strittmatter, Nachrichten aus meinem Leben. Aus den Tagebüchern 1954-1973, Berlin 2012, 426.
33. Strittmatter 2012, 477f.

Unser Brot – täglich heute?

1. Michaels 1998, 202.
2. Malinar 2009, 199.
3. Thich Nhat Hanh 1995, 55, 54, 50, 51.
4. Vgl. Ex 19,6; Dtn 14,2.
5. BerR 44,1; zitiert nach Petuchowski 1989, 375.
6. Leo Baeck, Das Wesen des Judentums, Wiesbaden ^{3}1985, 303; 298.
7. Ernst Simon nach Adel Th. Khoury (Hg.), Lexikon Religiöser Grundbegriffe. Judentum, Christentum, Islam, Graz 1987, 983.
8. Lohse 2009, 62-65; Philonenko 2002, 67-86.
9. Lohse 2009, 65, Anm. 15f (Lit.).
10. Zitiert nach Boff 1981, 140 (dort nicht ausgewiesen).

11. Harald Lemke, Ethik des Essens. Eine Einführung in die Gastrosophie, Berlin 2007, 216ff; Zitat Kant: 219, 268-271.
12. Ludwig Feuerbach, Die Naturwissenschaft und die Revolution, in: Blätter für literarische Unterhaltung, 8.-12. November 1850, 1069-1083; Zitat: 1083.
13. Feuerbach, 1077.
14. Friedrich Nietzsche, Ecce homo. Warum ich so klug bin 1, 2. (= Studienausgabe Bd. 4. Ausgewählt und eingeleitet von Hans Heinz Holz, Frankfurt a. M. 1968, 159).
15. http://www.lebenskunstphilosophie.de/Hauptframe/Text%2025%20-%20Ethik%20der%20Ernaehrung/Ethik%20der%20Ernaehrung.pdf (aufgerufen am 11.3.2015)
16. Zum Ganzen Harald Lemke wie Anm. 11.
17. Peter Singer, Befreiung der Tiere. Eine neue Ethik zur Behandlung der Tiere, München 1982.
18. www.veggiswelt.de/gruende.htm (aufgerufen 11.3.2015).
19. Martin Mittwede, Der Ayurveda. Von den Wurzeln zur Medizin heute, Heidelberg 1998, bes. 161ff, 189ff.
20. Werbick 2011, 140.
21. »... wie es Gott mit uns macht und kocht, so wollen wir's nicht anbeißen.« Martin Luther, WA 16, 294,32f.
22. Lohse 2009, 64; Philonenko 2002, 86.
23. Ludwig Feuerbach, WdC 1969, 411.
24. Simone Weil, zitiert nach Werbick 2011, 150.
25. Werbick 2011, 142.
26. Feuerbach , WdC 1969, 198.
27. Gebete der Menschheit. Hg. von Alfonso M. di Nola, Düsseldorf / Köln 1977, 133f (leider ohne Nachweis).
28. Nhat Hanh 1995, 51 (ohne Nachweis).
29. Mail von Dr. Bilal El-Zayat vom 14.3.2015.
30. Vgl. Guido Fuchs, Mahlkultur. Tischgebet und Tischritual, Regensburg 1998.

Vergib – wie wir vergeben?

1. Ram Adhar Mall, Der Hinduismus. Seine Stellung in der Vielfalt der Religionen, Darmstadt 1997, 67, 92-96.
2. Mall 1997, 54f.

3. Swami Prabhavananda, Die Bergpredigt im Lichte des Vedanta, München 1994, 140.
4. Brhadaranyaka-Upanishad 4,4,5; zitiert nach Das Oxford-Lexikon der Weltreligionen, Darmstadt 1999, 528.
5. Mall 1997, 55.
6. Von Brück 1998, 111f (Itivuttaka).
7. TRE 34, 663ff.
8. b Aboda Sara 5b; zitiert nach LRG 1013.
9. Zitiert nach Petuchowski, Thoma 1989, 387.
10. mYom 8,9; zitiert nach Petuchowski, Thoma 1989, 428.
11. Berger 2014, 127, 129f.
12. Luther, WA 32, 422, 34ff.
13. Hans Zirker, Islam, Düsseldorf 1993, 99, Anm. 27, verweist darauf, dass ihr Wortlaut in Sure 3,193 genau der arabischen Übersetzung von Mt 6,12 entspricht.
14. Heinz-Werner Kubitza, Der Dogmenwahn. Scheinprobleme der Theologie. Holzwege einer angemaßten Wissenschaft, Marburg 2015, 270.
15. Friedrich Nietzsche, Die fröhliche Wissenschaft, Aph. 135.
16. Kubitza 2015, 266, 268.
17. Kubitza 2015, 266.
18. Josef Sudbrack, Was heißt christlich meditieren? Wege zu sich selbst und zu Gottes Du, Freiburg i. Br. 1986, 56 (leider ohne Nachweis).
19. Kubitza 2015, 281.
20. Karlfried Graf Dückheim, Der Alltag als Übung: Vom Weg zur Verwandlung, Bern, Stuttgart Toronto [9]1987, 5.
21. Hans Jonas, Das Prinzip Verantwortung. Versuch einer Ethik für die technologische Zivilisation, Frankfurt a. M. 1979.
22. Greg M. Epstein, good without God. What a Billion Nonreligious People Do Believe, New York 2009.
23. Alexander Lowen, Freude. Die Hingabe an den Körper und das Leben, München 1996, 9.
24. Vaclav Havel, Briefe an Olga. Betrachtungen aus dem Gefängnis, Reinbek bei Hamburg 1990, 288.
25. Leo N. Tosltoj, Nach vierzig Jahren. Volkserzählung, Frankfurt a. M. 1984, 38.
26. Hermann Hesse, Der Steppenwolf, Frankfurt a. M. 1961, 220.
27. Martin Heidegger, Sein und Zeit, Tübingen [16]1986, 284.
28. Carl-Friedrich von Weizsäcker, Die Zeit drängt. Eine Weltversammlung der Christen für Gerechtigkeit, Frieden und die Bewahrung der Schöpfung, Wien 1986, 83.

29. Von Weizsäcker, 73.
30. Vgl. von Brück 1997, 568.
31. TRE 5, 413,48.
32. Werner Bergengruen, Der spanische Rosenstock, Tübingen ^{36}1979, 59.
33. WA 15, 487.
34. WA 22, 323f.

Ohne Versuchung leben?

1. Prabhananda 1994, 142
2. Bhagavadgita 1993, 25.
3. Bhagavadgita 1993, 109.
4. Von Brück 1998, 68-70.
5. Zitiert nach HWP 10, 623.
6. »... ut discat, quod nescit (...).« Petrus Lombardus, zitiert nach HWP 11, 953.
7. Arthur Schopenhauer, Die Welt als Wille und Vorstellung, 4. Buch, § 65 (vorletzter Absatz). Schopenhauers sämmtliche Werke, hg. v. Eduard Grisebach, I, Leipzig o. J., 472.
8. WA 50, 660,1-16.
9. WA 2, 101, 31f.
10. Dawkins 2007, 89ff.
11. Ebeling 1967, 98.
12. Von Luther aufgenommen in WA 2, 124.
13. Walther von Loewenich, Martin Luther. Der Mann und das Werk, München 1982, 342. Dort weitere Beispiele, 342ff.
14. WA 24, 575.
15. WA 32,11.
16. WA 20, 281f.
17. WA 32,11.
18. WA 8, 379.

Erlösung vom Bösen

1. In: Hans Küng, Josef van Ess, Heinrich von Stietencron, Heinz Bechert, Christentum und Weltreligionen. Islam. Hinduismus. Buddhismus, München 1984, 273.

2. Axel Michaels, Das Böse in der hinduistischen Tradition, in: Johannes Laube (Hg.), Das Böse in den Welt-Religionen, Darmstadt 2003, 201-258; Zitat: 209.
3. Johannes Laube, Das Böse in der buddhistischen Tradition, in: ders. (Hg.), Das Böse in den Welt-Religionen, Darmstadt 2003, 259-355; Zitat: 273.
4. Ernst Ludwig Ehrlich, Reden über das Judentum, Stuttgart 2001, 114f.
5. WA 30/1, 254f.
6. Berger 2014, 157-177.
7. Hans-Martin Barth, Der Teufel und Jesus Christus in der Theologie Martin Luthers, Göttingen 1967.
8. Karl Barth, Das Vaterunser, Zürich 1965, 106f.
9. Zum Beispiel: My 50 Satanic films of all time (http://letterboxd.com/jjjoinut99/list/my-top-50-satanic-films-of-all-time/; aufgerufen am 28. Mai 2015).
10. Al hamdu lillah ala kuli hal. Diesen Satz hat mir meine Arabisch-Lehrerin Amireh Zafarani nahegebracht.
11. Wuketits 2014, 31.
12. Die folgenden Zitate von K. Lorenz, S. Freud, C. G. Jung sind dem sehr instruktiven Artikel: A. Hügli, malum. VI. Neuzeit, in: HWP 5, 681-706, entnommen (dort ausgewiesen).
13. Gisbert Greshake, Der Preis der Liebe. Besinnung über das Leid, Freiburg i. Br. 1978, 54. Die »Kehrseite jeder Schöpfung«, in: Pierre Teilhard de Chardin, Mein Glaube, Olten 1972, 52.
14. Leonardo Boff 1981, 178.
15. Zitiert nach Theresia Hauser, Tag für Tag mein Leben. Wege zum ganzheitlichen Menschsein, München 1986, 112.
16. Hilde Domin, Das zweite Paradies, Frankfurt a. M. 1980, 15.
17. Nach P. Navé Levinson, LRG 103.
18. MEW 1,385.
19. WA 1, 238 (These 92; übersetzt).
20. WA 12, 519f.
21. C. G. Jung, Gesammelte Werke (1950ff) 10, 328.
22. So in: Gerhard Ruhbach, Geistlich leben. Wege zu einer Spiritualität im Alltag, Gießen 1996, 48.
23. Christa Wolf, Leibhaftig, München 2003, 53.
24. Erich Maria Remarque, Arc de Triomphe, Zürich 1946, 30.
25. Hans-Martin Barth, »Pecca fortiter, sed fortius fide ...«. Martin Luther als Seelsorger, in: EvTh 44 (1984), 12-25.

26. Zitiert nach P. Cornehl, Analyse von Gebeten, in: ThP 4 (1969), 47; leicht verändert (H.-M. B).
27. Alfred Delp, Kämpfer. Beter. Zeuge. Letzte Briefe. Beiträge von Freunden, Berlin 1954, 101.
28. Jörg Zink, Vor uns der Tag. Was die Passions- und Ostergeschichten bedeuten, Freiburg i. Br. 1995, 189.
29. Das ist insbesondere Muslimen kaum verständlich. Deswegen fand etwa Reza Aslan das Wort Jesu: »Ich bin nicht gekommen, Frieden zu bringen, sondern das Schwert« (Mt 10,34) wichtiger als »Denn alle, die zum Schwert greifen, werden durchs Schwert umkommen« (Mt 26,52; wörtliche Übersetzung: Ulrich Wilckens) und versuchte, Jesus, zum Terroristen umzudeuten. Ders., Zelot. Jesus von Nazaret und seine Zeit, Rowohlt 2013.

Und nun?

1. Isa Upanishad 1; zitiert nach: Upanishaden – Befreiung zum Sein. Eingeleitet von Raimundo Panikkar. Ausgewählt und übersetzt von Bettina Bäumer, München 1986, 169 (vgl. 55f, 65).
2. Zitiert nach Jörg Zink, Unter dem großen Bogen. Das Lied von Gott rings um die Erde, Stuttgart 2001, 17.
3. EG 330, 1,3.
4. Ebeling 1963, 121.
5. Guardini 1978, 83.
6. Luther, 1989.
7. WA 38, 362.

NAMENREGISTER

Die verwendete Literatur ist über das Namenregister zu erschließen. Die bibliographischen Angaben werden in der Regel bei der ersten Nennung eines Autoren-Namens in den Anmerkungen aufgeführt.

ABKÜRZUNGEN

Biblische Bücher werden wie üblich abgekürzt.

DBW
Dietrich Bonhoeffer. Werke, München 1, 1986ff.

HWP
Historisches Wörterbuch der Philosophie, Basel 1, 1971ff.

MEW
Karl Marx Friedrich Engels Werke, Berlin 1972

LRG
Lexikon religiöser Grundbegriffe, Graz Wien Köln 1987

TRE
Theologische Realenzyklokopädie, Berlin 1, 1976ff.

WA
Martin Luther, Werke. Kritische Gesamtausgabe, Weimar 1, 1883ff.